1.10
D1829740

Let's Go Wellness

Judith Frege

Let's Go Wellness

Meyer & Meyer Verlag

Die Deutsche Bibliothek – CIP Einheitsaufnahme

Frege, Judith:
Let' s Go Wellness / Judith Frege.
– Aachen : Meyer und Meyer, 2002
ISBN 3-89124-878-4

Alle Rechte, insbesondere das Recht der Vervielfältigung und Verbreitung sowie das Recht der Übersetzung, vorbehalten. Kein Teil des Werkes darf in irgendeiner Form – durch Fotokopie, Mikrofilm oder ein anderes Verfahren – ohne schriftliche Genehmigung des Verlages reproduziert oder unter Verwendung elektronischer Systeme verarbeitet, gespeichert, vervielfältigt oder verbreitet werden.

© 2002 by Meyer & Meyer Verlag, Aachen
Adelaide, Auckland, Budapest, Graz, Johannesburg, Miami, Olten (CH), Oxford, Singapore, Toronto
Member of the World
Sport Publishers' Association (WSPA)
Druck: Grafo Industrias Gráficas, Basauri – Bizkaia
Printed in Spain
ISBN 3-89124-878-4
E-Mail: verlag@meyer-meyer-sports.com

INHALTSVERZEICHNIS ZU „LET'S GO WELLNESS“

VORWORT

Wellness – der Begriff stammt aus dem Amerikanischen und bedeutet frei übersetzt „sich rundum wohl fühlen". Dazu gehört körperliche Fitness, eine gesunde Ernährung und seelische Ausgeglichenheit.
Schön, werden Sie jetzt fragen, und wie erreicht man diesen Traumzustand? Sie werden erstaunt sein, wie einfach Wellness anzuwenden ist und mit Begeisterung die verjüngende Wirkung auf Körper, Geist und Seele erleben.
Es braucht nicht viel, um sich wohl zu fühlen und in die Wonnen eines persönlichen Wohlfühlprogramms einzutauchen.
Dieses Buch führt Sie ein in die Welt des Wellness. Es zeigt auf, was man tun kann, um fit zu sein, welche Fitnessmethoden es gibt und wie man richtig und effektiv trainiert. Außerdem bietet es Alternativen zum Sport und ein Übungsprogramm für zu Hause.
Ein thematischer Schwerpunkt liegt auf dem Bereich Beauty und Sie werden in diesem Buch eine Fülle wertvoller Anregungen sowie ausführliche Anleitungen zur Schönheitspflege finden. Sie werden eingeweiht in Schönheitsgeheimnisse, die mit geringem Aufwand eine große Wirkung erzielen. Probieren Sie die zahlreichen Rezepturen zum Selbermachen aus und überzeugen Sie sich von den positiven Auswirkungen auf Ihre Haut.
Lassen Sie sich verführen und machen Sie Essen zu einem kulinarischen Genuss, ohne Reue. Im Kapitel über gesunde Ernährung erfahren Sie, wie man ohne Frust schön und schlank wird.
Was ist Stress, wie gehe ich mit ihm um und wie kann ich ihn abbauen? Diese Fragen beschäftigen fast jeden in unserem hektischen Alltag und sie sind ein wichtiges Thema in diesem Buch. Es behandelt ausführlich wirkungsvolle Antistressmethoden, um Entspannung und seelische Balance zu erreichen.
Außerdem erhalten Sie wichtige Informationen zu den Themen: richtige Atmung, gesunder Schlaf und positives Denken.
Wellness ist ein erfolgreicher Weg, um Gesundheit, Schönheit und innere Harmonie für sich zu entdecken.

Ich wünsche Ihnen dabei viel Spaß.

WIDMUNG

Für Jennie, meine Mutter.
Sie gab mir Mut, meine Träume zu verwirklichen und lehrte mich, positiv zu denken. Ich bin dankbar für ihre unendliche Unterstützung.

MOVEMENT

Fit durch Bewegung

Niemals zuvor war der Mensch so mobil wie in unserer heutigen Zeit. Er jettet kreuz und quer über den Erdball und erreicht in atemberaubend kurzer Zeit sein Ziel. Die Ironie dabei ist, dass er seinen Körper immer weniger bewegt, außer, sich von einer sitzenden Position in die nächste zu begeben. Für die Gesundheit hat dieses Verhalten fatale Auswirkungen, denn der menschliche Körper ist darauf programmiert, sich zu bewegen. Der Körper will trainiert, gestärkt, gedehnt und gefordert werden, um optimal zu funktionieren.

Unsere Vorfahren mussten Tag für Tag schwerste körperliche Arbeit verrichten, um ihre Existenz zu sichern. Sie gingen auf die Jagd, legten weite Strecken zurück, hackten Holz, sammelten Pilze und beackerten ihre Felder. Alles Überleben war abhängig vom körperlichen Einsatz.

Heutzutage verrichtet der größte Teil der Menschheit seine Arbeit nicht durch körperlichen, sondern durch geistigen Einsatz. Der Mensch verbringt seinen Arbeitstag in einer unbeweglichen, sitzenden Position, oder er muss stundenlang immer die gleiche mechanische Bewegung ausführen. Körperliches Unwohlsein, Verspannungen und einseitige Verschleißerscheinungen sind die Folge.

Das technische Zeitalter hat es sich zur Aufgabe gemacht, dem Menschen jegliche körperliche Arbeit abzunehmen. Maschinen haben die Arbeiten übernommen, die ursprünglich dem Menschen zugedacht waren. Verbringt man täglich acht Stunden in einer vornehmlich unbewegten Körperhaltung, setzt sich dann in sein Auto, um sich durch den stressigen Berufsverkehr zu quälen und beschließt den Tag wiederum in einer sitzenden Haltung vor dem Fernseher, ist es nur eine logische Konsequenz, dass die Balance zwischen Körper und Seele aus dem Gleichgewicht gerät.

Unsere seelische Verfassung hängt von unserem körperlichen Wohlbefinden ab, während das gesundheitliche Befinden durch unsere geistige und seelische Einstellung beeinflusst wird. Wie also können wir Körper und Seele in Einklang bringen?

Bewegung, Bewegung und nochmals Bewegung ist der Weg zur inneren Balance.

Fitness

Bewegung und körperliches Fitnesstraining sind die Wunderwaffen, um fit, jung und gesund zu bleiben.

- Das Immunsystem (Abwehrkräfte) wird angekurbelt und gestärkt.
- Die Knochen werden stärker. Die Knochenmasse und Knochendichte nimmt zu. Dieses kann die gefürchtete Osteoporose verhindern.
- Die gesamte Muskulatur wird durchblutet, gekräftigt und gestrafft.
- Der Herzmuskel wird trainiert und optimal mit Sauerstoff versorgt. Das Herz-Kreislauf-System kommt in Schwung.
- Der Stoffwechsel wird angeregt und die Verdauung gefördert.
- Erholsamer, tiefer Schlaf stellt sich nachts ein.
- Ein gesteigertes Selbstwertgefühl, positives Körperbewusstsein und eine aufrechte Körperhaltung ist die Belohnung für regelmäßiges Körpertraining. Sie werden sich attraktiver fühlen.
- Ausdauer, Kraft und Beweglichkeit werden gefördert.
- Das Durchhaltevermögen und die Willenskraft werden gesteigert.
- Durch die erhöhte Fettverbrennung werden Sie abnehmen.
- Ein positives Lebensgefühl stellt sich ein und man erreicht größere Entspanntheit und Gelassenheit. Stressbewältigung fällt leichter und Ängste minimieren sich.

Wichtig ist: Haben Sie Spaß bei Ihrem Trainingsprogramm und genießen Sie die Bewegung!

Wenn das nicht Gründe genug sind, um gleich zu beginnen!

Der Alltag bietet zahlreiche Gelegenheiten, um das Fitnessprogramm zu starten. Wie wäre es, wenn Sie Treppen als sportliche Herausforderung betrachten und den bequemen Fahrstuhl oder die Rolltreppe links liegen lassen? Können Sie den Weg zum Supermarkt oder zum Postamt nicht zu Fuß oder mit dem Fahrrad zurücklegen? Gönnen Sie Ihrem Auto eine Pause, Ihre Gesundheit wird es Ihnen danken!

Legen Sie Ihre Lieblingsmusik auf und tanzen Sie. Einfach so und ganz für sich allein. Zunächst kommen Sie sich vielleicht recht albern vor. Lassen Sie das negative Gefühl hinter sich. Überlassen Sie sich den rhythmischen Klängen und Wellen der Musik. Ein herrliches Gefühl der Freiheit und Harmonie wird sich einstellen. Verspannungen lösen sich ganz von allein, der Kopf wird frei und Sie kommen in Schwung.

Entscheiden Sie sich für Bewegung!

Es gibt unzählige Sportarten und viele verschiedene Möglichkeiten für ein Fitnesstraining. Entdecken Sie für sich die richtige Form. Ob Sie sich für Sport, Tanz, Aerobic oder für eine sanfte Bewegungsart wie Yoga oder Qi Gong entschließen, entscheidend ist, es muss Spaß machen! Lassen Sie sich Zeit und probieren Sie aus. Es werden von den unzähligen Sport-, Fitness- und Tanzstudios meist Schnupperkurse angeboten, die Sie wahrnehmen sollten, bis Sie für sich das Richtige gefunden haben. Sie werden schnell feststellen, was Ihnen gut tut, und bei welcher Aktivität Sie sich wohl fühlen.

Grundsätzlich sollten Sie immer darauf achten:

- Nichts übertreiben.
- Die Dinge langsam angehen.
- Geduld mit sich selbst haben.
- Niemals aufgeben.
- Sich ab und zu eine Belohnung gönnen.
- Auf ausreichende Entspannung achten.

Fassen Sie den festen Entschluss, sich auf die eine oder andere Art und Weise dreimal in der Woche 20-30 Minuten lang körperlich zu bewegen. Kombiniert mit einer fettarmen Ernährung ist Bewegung die erfolgreichste Methode, um abzunehmen.

Schwimmen, das ideale Training

Im Wasser befindet sich der Körper in einem Zustand der Schwerelosigkeit. Hierdurch werden die Gelenke und die gesamte Muskulatur entlastet. Die Dauerverspannung bestimmter Muskelpartien, wie Nacken- und Schultermuskulatur, wird gelockert. Alle Muskelgruppen werden auf ideale Weise trainiert. Der Körper arbeitet gegen den Widerstand des Wassers. Er befindet sich in einem konstanten Wechsel

von Anspannung und Entspannung. Bei richtiger und individueller Dosierung der Belastung wird das Herz-Kreislauf-System und der Stoffwechsel angeregt. Die Anzahl der Herzschläge wird vermindert bei gleichzeitiger Vergrößerung des Herzminutenvolumens. Die Blutgefäße bleiben elastisch.

Achten Sie auf eine richtige Atemtechnik.

Beim Brustschwimmen und Kraulen die volle Ausatmung ins Wasser, beim Rückenschwimmen eine bewusste Ein- und Ausatmung. Sie sorgen so für eine positive Wirkung auf das Atemsystem. Die Lungenkapazität vergrößert sich, es gelangt mehr Sauerstoff in die Lunge. Außerdem erhöht sich die Anzahl der roten Blutkörperchen.

Eine falsche Atmung kann zu schneller Ermüdung führen, da sie den Druck im Brustraum erhöht und den Blutausstoß des Herzens verringert.

Durch ausdauerndes Schwimmen können Sie ganz nebenbei problemlos abnehmen! Ein Schwimmer hat einen hohen Kalorienverbrauch (Leistungsschwimmer verbrauchen täglich ca. 6.000 kcal).

Nicht außer Acht zu lassen ist die Tatsache, dass Schwimmen den Organismus abhärtet. Die positive Auswirkung ist ähnlich wie bei Wechselbädern oder einer Kneippkur. Auf diese Weise trotzen Sie der nächsten Erkältungs- und Grippewelle.

Schwimmtraining

1. Übungstag

Einschwimmen – fünf Minuten im Wasser bewegen, paddeln, in einer beliebigen Schwimmart in langsamem Tempo schwimmen.
In Brusthöhe im Wasser stehend 20 x ins Wasser ausatmen.
Ausdauertraining – fünf Minuten Dauerschwimmen.
Am Beckenrand festhalten und kräftig mit den Beinen auf- und abschlagen.
Durch das Wasser gehen, dabei Gesicht auf das Wasser, einatmen und ins Wasser ausatmen.
Ausschwimmen – entspannt im Wasser auf dem Rücken gleiten.

Etwa 10.-19. Übungstag

Einschwimmen – 150 m in langsamem Tempo in beliebiger Schwimmart schwimmen.
Ausdauertraining – 100 m Brustschwimmen, dabei ins Wasser ausatmen. Danach ca. 20 Sekunden verschnaufen.
Eine Bahn Rückenschwimmen.
Im Wasser gehen, dabei mit den Armen Kraulbewegungen ausführen.
Am Beckenrand festhalten, 20 x kräftig mit den Beinen auf und abschlagen, wiederholen.
Atemübung, 20 x ins Wasser ausatmen.
Ausschwimmen – entspanntes Gleitschwimmen, Brust und Rücken.

Etwa 20. Übungstag

Steigern Sie ganz allmählich Ihr Programm, bis Sie 250 m Brustschwimmen mit der richtigen Atmung, 100 m Rückenschwimmen und eventuell eine Bahn Brustkraulen erreicht haben.

Etwa 30. - 40. Übungstag

Versuchen Sie Dauerschwimmen über 500 m und wechseln Sie dabei ruhig die Schwimmart. Danach ca. 20 Sekunden verschnaufen.

60. Übungstag

Jetzt können Sie sich an 1.000 m Dauerschwimmen heranwagen. Zum Leistungsvergleich: 1.000 m Zeitschwimmen Männer 24 min, Frauen 29 min nach dem Leistungsmaßstab des DSB für das Sportabzeichen.

Laufen, die natürlichste Bewegungsform

Wie das Gehen, ist Laufen die einfachste und natürlichste Bewegungsform. Es ist nie zu spät, um mit dem Lauftraining zu beginnen. Viele Neueinsteiger entdecken den Laufsport erst mit einem Alter von ca. 40 Jahren und werden begeisterte Anhänger des Joggens. Mit dem Laufen können Sie in kürzester Zeit einen hochgradigen Trainingseffekt erzielen. Verwechseln Sie Laufen als Ausdauertraining aber bitte nicht mit einem Wettrennen. Gehen Sie die Sache langsam an und der Erfolg wird nicht lange auf sich warten lassen. Damit Ihr Lauf zu einem erfolgreichen und effizienten Ausdauertraining wird, sollten Sie folgende Punkte beachten:

- Ganz wichtig ist der richtige Laufschuh! Lassen Sie sich in einem Fachgeschäft qualifiziert beraten. Der falsche Schuh kann aus Ihrem Training schnell eine Qual machen. Ein guter Schuh schont Gelenke und Rücken und macht aus Ihrem Lauf ein Vergnügen.
- Achten Sie immer darauf, dass Sie sich während des Laufens locker unterhalten können. Kommen Sie aus der Puste, sind Sie zu schnell. Dann gilt: runter mit dem Tempo.
- Laufen Sie nach Möglichkeit nicht auf Asphalt oder Beton. Zur Schonung der Gelenke ist der Wald, ein Feldweg oder der Park ideal. Außerdem ist die Luft in der freien Natur viel besser.

- Tragen Sie bequeme, luftdurchlässige Kleidung, die den Schweiß gut absorbiert, am besten aus reiner Baumwolle.
- Achten Sie auf Ihre Atmung. Atmen Sie mit dem Bauch, vermeiden Sie es zu schnaufen.
- Laufen Sie in einer aufrechten Körperhaltung. Achtung, kein Hohlkreuz und keine hochgezogenen Schultern! Legen Sie Wert auf eine bewusste Fußarbeit.
- Lassen Sie den Ehrgeiz zu Hause, setzen Sie sich keinem zusätzlichen Leistungsstress aus. Locker, langsam und entspannt – kommen Sie erfolgreich ins Ziel.

Lauftraining

Die ideale Laufzeit beträgt 60 Minuten. Sie wird eingeteilt in 30 Minuten Einlaufen in sehr langsamem Tempo (regeneratives Training), 25 min im Wechsel langsames bis schnelleres Tempo (aerobes Ausdauertraining). Die Herzfrequenz sollte im Bereich von 60-75% Ihres persönlichen maximalen Pulswerts liegen (siehe Seite 22). Fünf min Auslaufen im entspannten, langsamen Tempo (regeneratives Training).

Für den untrainierten Anfänger ist ein Trab-Geh-Training der ideale Einstieg. Fangen Sie mit kleinen Einheiten an und steigern Sie von Woche zu Woche ganz allmählich Ihr Pensum.

1. Woche	bis 1 min laufen, 20 s gehen im Wechsel – ca. 20 min
2. Woche	1-2 min laufen, 20 s gehen – ca. 20 min
3. Woche	2-3 min laufen, 20 s gehen – ca. 22 min
4. Woche	3-4 min laufen, 20 s gehen – ca. 23 min
5. Woche	5 min laufen, 20 s gehen – ca. 24 min
6. Woche	6 min laufen, 20 s gehen – ca. 28 min
7. Woche	8 min laufen, 20 s gehen – 4 x
8. Woche	10 min laufen, 20 s gehen– 4 x
9. Woche	12 min laufen, 20 s gehen – 4 x
10. Woche	15 min laufen, 20 s gehen – 4 x
11. Woche	18 min laufen, 20 s gehen – 3-4 x
12. Woche	20 min laufen, 20 s gehen – 3-4 x

Lassen Sie keine Gehpause aus. Falls Sie nicht nach der Uhr, sondern nach Ihrem Gefühl laufen, machen Sie die Gehpause so früh wie möglich und nicht erst, wenn Sie aus der Puste sind. Die Gehpausen sollten 20 bis maximal 30 Sekunden nicht überschreiten, da ansonsten die Sauerstoffversorgung der Muskulatur zu stark abfällt. Eine solche Trainingseinteilung führt zu vorzeitiger Ermüdung und ist unphysiologisch. Verlängern Sie wochenweise Ihre Laufzeiten, bis Sie bei 60 min ohne Gehpausen angekommen sind. Haben Sie Geduld und halten Sie durch. Ihre Kondition wird sich von Mal zu Mal verbessern. Aller Anfang ist schwer. Muskelkater und kleinere Wehwehchen können schon mal auftreten.

Einmal in der Woche zu laufen ist gut! Zweimal in der Woche ist besser! Optimal ist es, dreimal wöchentlich zu laufen. Jedoch sollten Sie als

Anfänger nicht übertreiben, denn die Muskulatur benötigt nach der ungewohnten Belastung eine Erholungsphase. Die Länge dieser Ruhephase richtet sich nach Ihrem Gesundheitszustand, Ihrem Gewicht und nach Ihren vorangegangenen sportlichen Aktivitäten.

Auch beim Laufen gilt: Aufwärmphase, Belastungsphase, Auslaufphase

Ausdauertraining

- Ausdauertraining kräftigt die Herzmuskulatur. Das Herz steigert seine Leistungsfähigkeit, das Herzinfarktrisiko sinkt.
- Die Sauerstoffversorgung des Blutes sowie der Muskulatur wird verbessert.
- Der Blutdruck wird positiv beeinflusst und reguliert, das Herz-Kreislauf-System angeregt.
- Die gesamte Muskulatur wird gestärkt, das Bindgewebe gefestigt und somit Cellulitis erfolgreich bekämpft.
- Das Immunsystem wird gestärkt.
- Der Stoffwechsel wird angeregt, Verdauungsprobleme werden abgebaut.
- Durch die Bewegung und die optimale Sauerstoffversorgung aller Körperzellen werden Sie sich nach dem Laufen entspannt und gut gelaunt fühlen.

Mithilfe Ihrer persönlichen Herzfrequenz können Sie einen optimalen Trainingseffekt erzielen. Dabei können Sie sich nach der folgenden

Empfehlung richten: Ziehen Sie Ihr Lebensalter von 220 (maximaler Puls) ab.

Beispiel: Sie sind 35 Jahre alt:
220 – 35 = 185

Die maximale Herzfrequenz liegt also bei 185 Schlägen pro Minute. Folglich entsprechen 80% einem Puls von 148 Schlägen; 60% dem von 111 Schlägen pro Minute.

1. Bei 50-60% der maximalen Herzfrequenz liegen Sie im Trainingsbereich Fitness (stabile Gesundheit). In unserem Beispiel ist dies ein Wert von 93-111 Schlägen pro Minute.
2. Bei 60-70% der maximalen Herzfrequenz liegen Sie im Trainingsbereich Fettverbrennung (aktiver Fettstoffwechsel). In unserem Beispiel ist dies ein Wert von 111-130 Schlägen pro Minute (optimaler Trainingseffekt).
3. Bei 70-80% der maximalen Herzfrequenz liegen Sie im Trainingsbereich aerobes Training (verbesserte Fitness). In unserem Beispiel sind das 130-148 Schläge pro Minute.
4. Bei 80-90% der maximalen Herzfrequenz liegen Sie im Trainingsbereich anaerobes Intervalltraining (anaerobe Zone). In unserem Beispiel ist dies ein Wert von 148-166 Schlägen pro Minute.

Der optimale Trainingseffekt mit einem aktiven Fettstoffwechsel liegt bei ca. 60-70% der maximalen persönlichen Herzfrequenz.

Rad fahren

Es spielt keine Rolle, ob Sie durch die Landschaft radeln, oder ob Sie Ihr Fitnessprogramm auf dem Heimtrainer absolvieren, Rad fahren hat wie Schwimmen und Laufen viele positive Auswirkungen auf die Gesundheit.

Es gibt kaum etwas Schöneres, als auf einem Fahrrad durch die Natur zu fahren, die Lungen mit frischer Luft zu füllen und den Blick in die Weite schweifen zu lassen. Man erlebt die Natur unmittelbar und kann beim Vorüberradeln die Kuh auf der Wiese begrüßen und den Specht im Wald klopfen hören. Eine Fahrradtour am Wochenende wirkt wie ein kleiner Urlaub. Ihre Kräfte werden mobilisiert, das Immunsystem kann auftanken und Sie können frisch und gut gelaunt die neue Woche starten.

Bevor Sie losfahren, sollten Sie einige Punkte beherzigen.
Um Verletzungen oder Verschleißerscheinungen in den Gelenken zu vermeiden, üben Sie so wenig Druck wie möglich auf die Pedale aus! Fahren Sie möglichst in den unteren Gängen. Müssen Sie sich auf Ihrer Fahrradtour einen Berg hinaufquälen, dann zögern Sie nicht, auch mal zu schieben, das schont Ihre Knie und hat noch keinem Training geschadet.

Tragen Sie zu Ihrem eigenen Schutz vor schweren Verletzungen einen Helm! Etwa 80% aller Kopfverletzungen könnten vermieden werden, wenn die Radler Hartschalenhelme tragen würden.

Ein Radler, der mit System trainiert, kann auch als Freizeitsportler erhebliche Leistungssteigerungen erzielen. Ein zweckmäßiger Wechsel zwischen Belastung und Entspannung entscheidet über die positive Wirkung im Training. Radeln Sie nicht nur die Ihnen gut bekannte und zur lieben Gewohnheit gewordene Strecke im immer gleichen Tempo. Der zu geringe Belastungsreiz hat keinen Leistungszuwachs zur Folge, genauso wenig wie der zu hohe Belastungsreiz, der eine Übersäuerung der Muskulatur auslöst.

Es empfiehlt sich, die richtige Trainingsintensität wie beim Laufen über die persönliche Herzfrequenz zu ermitteln.

Das Radtraining sollte mindestens 60 Minuten betragen. Wie bei anderen Ausdauersportarten wird das Training in drei Bereiche geteilt:

1. Erwärmungsphase im regenerativen und aeroben Bereich mit 60-75% der maximalen Herzfrequenz.
2. Belastungsphase im aerob-anaeroben Mischbereich, Belastung und Entlastung im Intervall mit 70-90% der maximalen Herzfrequenz.
3. Regenerationsphase im regenerativen Bereich mit 50-60% der maximalen Herzfrequenz.

Nach jedem intensiven Ausdauertraining sollte eine Ruhepause eingelegt werden. Genießen Sie die heiße Dusche, das entspannende Bad, einen Saunagang, eine Massage, etwas Schlaf oder einfach den erfrischenden Spaziergang. Der Körper braucht die Regeneration, um wieder leistungsfähig zu sein.

Achtung, trinken Sie ausreichend Wasser vor und während Ihrer Radtour! Vergessen Sie auch den kleinen Snack für zwischendurch nicht. Energieriegel oder Bananen sind empfehlenswert.

Oftmals bietet sich keine Möglichkeit, durch den Wald zu radeln, denn es fehlt die Zeit oder das Wetter ist nicht besonders einladend. Der Heimtrainer ist eine gute Alternative. Damit die Muskulatur auch zu Hause mit Sauerstoff versorgt werden kann, trainieren Sie möglichst bei geöffnetem Fenster oder wenigstens in einem gut belüfteten Raum.

Achten Sie beim Kauf Ihres Rades beziehungsweise Heimtrainers auf Qualität und lassen Sie sich fachlich gut beraten.
Die richtige Einstellung der Sattelhöhe ist wichtig. Freizeitsportler wählen oft eine zu niedrige Sattelhöhe. Dadurch werden die Knorpeloberflächen im Knie einem erhöhten Druck ausgesetzt.

Es gibt eine Faustregel für die Einstellung der Sattelhöhe: Beim Aufsitzen sollte das Knie nahezu gestreckt sein.
Der Rahmen Ihres Rades sollte unbedingt Ihrer Körpergröße angepasst sein.

Nun schwingen Sie sich auf Ihr Rad und los geht's!

Aerobic, das beliebte Bewegungstraining

Aerobic ist ein Bewegungstraining, das Ende der 70er Jahre in der Bewegungsphysiologie einen revolutionären Durchbruch erlebte. Wie Pilze schossen Aerobicstudios aus dem Boden und läuteten in den Industrienationen eine neue Fitnessära ein.

Das ganzkörperliche Gymnastiktraining, das immer in enger Verbindung mit Musik praktiziert wird, erfreut sich nach wie vor großer Beliebtheit.

Neben dem klassischen Aerobic haben sich zahlreiche Varianten dieser Bewegungsart entwickelt. Sie reichen vom Aqua-Aerobic, ein im Wasser durchgeführtes sanftes Bewegungstraining, bis hin zum Step-Aerobic, ein durch Auf- und Absteigen von einer kleinen Stufe recht intensives Training. Erwähnt sei noch Dance-Aerobic, das wie ein Tanztraining aufgebaut ist und kleine Choreografien anbietet. Auch das Bodyshaping gehört zum Aerobicprogramm. Hier steht insbesondere die Kräftigung und Festigung der Muskulatur im Vordergrund.

3 x die Woche 30 Minuten Aerobicworkout sind ausreichend, um das Herz-Kreislauf-System fit zu halten.

Erinnern Sie sich? Man bezeichnet eine Bewegungsart als aerobische Übung, bei der der Pulsschlag für 15-20 Minuten in den Bereich des so genannten „aeroben Trainings“ (70-80% der persönlichen maximalen Herzfrequenz) hinein gesteigert wird.

Aerobicübungen halten Herz, Lunge und Kreislauf in Schwung. Überschüssiges Fett wird verbrannt. Der Körper wird geschmeidig und beweglich, die Muskulatur gekräftigt und gedehnt. Das Wohlbefinden und der allgemeine Gesundheitszustand verbessert sich wesentlich. Mit Freude lässt sich feststellen, dass man sich nach regelmäßigem, ganzkörperlichem Bewegungstraining rundherum fit fühlt und einem stressigen Berufsalltag gelassen entgegentreten kann.

Aerobictraining

Beim Aerobic steht das Ausdauertraining im Mittelpunkt. Die Länge einer Aerobicstunde beträgt im Schnitt 60 Minuten.
Das Training wird in fünf Phasen eingeteilt:

1 Warm-up: Wie jedes andere Bewegungstraining beginnt das Aerobictraining mit einer Aufwärmphase. Der Körper wird auf die nachfolgende Belastung vorbereitet. Die Körpertemperatur erhöht sich und die Herzfrequenz steigt allmählich an. Die Bewegungen sind fließend und werden langsam ausgeführt. Legen Sie großen Wert auf ein sorgfältiges Warm-up, um Verletzungen und eine Übersäuerung der Muskulatur zu vermeiden.

2 Belastungsphase: In dieser Phase wird der aerobe Trainingsbereich erreicht, die Herzfrequenz steigt auf 60-80% des maximalen Werts, ein aktiver Stoffwechsel und eine gesteigerte Fettverbrennung setzt ein. Die Bewegungen sind nun schneller und größer. Außerdem wird an der Koordination gearbeitet. Die Intensität der Phase steigt langsam an, bleibt eine Zeit lang auf hohem Niveau, um dann allmählich wieder zu sinken.

3 Cool down: Durch stetig abnehmende Intensität und kleinere Bewegungen senkt sich die Herzfrequenz. Der Kreislauf wird

stabilisiert und erholt sich. Die regenerative Trainingsphase wird erreicht, die Herzfrequenz liegt zwischen 50–60% des maximalen Pulswerts.

4 Floorwork: In diesem Teil der Stunde wird die Muskulatur gezielt gekräftigt. Der Schwerpunkt liegt auf den Muskelgruppen Rücken, Bauch und Gesäß.

5 Stretching: Im letzten Teil des Trainings werden die einzelnen Muskelpartien gedehnt. Ziel ist es, die zuvor beanspruchten Muskeln vorsichtig zu strecken, um so eine Muskelverkürzung zu vermeiden. Die Muskulatur soll sich aktiv entspannen. Außerdem wird eine verbesserte Beweglichkeit der Gelenke angestrebt.

Tanzen hält Sie fit und jung

Tanz ist eine tief verwurzelte, ursprüngliche Bewegungs- und Ausdrucksform des Menschen. Tanz ist Kultur!

Der Tanz war von jeher ein wichtiger Bestandteil bei traditionellen Riten und Zeremonien. Gleichgültig, in welchem Kulturkreis, ob im australischen Busch oder am französischen Hof, überall wurde getanzt. Die übermittelten Volkstänze sind von unschätzbarem Wert für die kulturelle Identität eines Landes. Was wäre Spanien ohne den Flamenco oder Argentinien ohne den Tango?

Tanz ist auch immer ein Ausdrucksmittel der jeweiligen Zeit. In den 50er Jahren feierte die Jugend den Rock 'n' Roll. Heute tanzen die jungen Menschen im Technofieber.

Entdecken Sie für sich die Freude am spontanen Tanz. Dazu müssen Sie weder Ballerina sein noch einen bestimmten Stil verfolgen und niemandem gefallen. Haben Sie Spaß daran, Ihre Bewegungen von der Musik leiten zu lassen. Tanzend drücken Sie Ihre tiefsten Emotionen aus und treten in eine enge Kommunikation mit Ihrer Seele.

Bereits zehn Minuten tänzerische Aktivität bringen den Kreislauf in Schwung und helfen, den Alltagsstress hinter sich zu lassen.

Zahlreiche Ballett- und Tanzschulen bieten Unterricht in den verschiedenen Tanzformen, vom klassischen Ballett, modernen/zeitgenössischen Tanz, Jazz Dance, Stepdance, Streetdance, Flamenco, Bauchtanz, historischen Tanz bis zum Volkstanz an. Allerdings gibt es in Deutschland, anders als in unseren europäischen Nachbarländern, leider noch kein staatliches Kontrollsystem für private Tanz- oder Ballettschulen. Nur wenige Schulen verfügen über qualifizierte Diplompädagogen.

Achten Sie darauf, dass Sie in einer seriösen Schule von professionellen und gut ausgebildeten Lehrern unterrichtet werden.

Klassisches Ballett

Angenommen, Sie haben nicht vor, eine große Ballerina zu werden und nächstes Jahr den „Sterbenden Schwan" auf der Bühne zu tanzen, sind aber fasziniert von Ballett und wollten es schon immer erlernen, dann nichts wie ran. Sie können nur profitieren!

Im Balletttraining wird eine grazile Körperhaltung erarbeitet. Die gesamte Muskulatur wird kräftig und straff. Bewegungskoordination und Körperbeherrschung stehen im Mittelpunkt des Trainings.

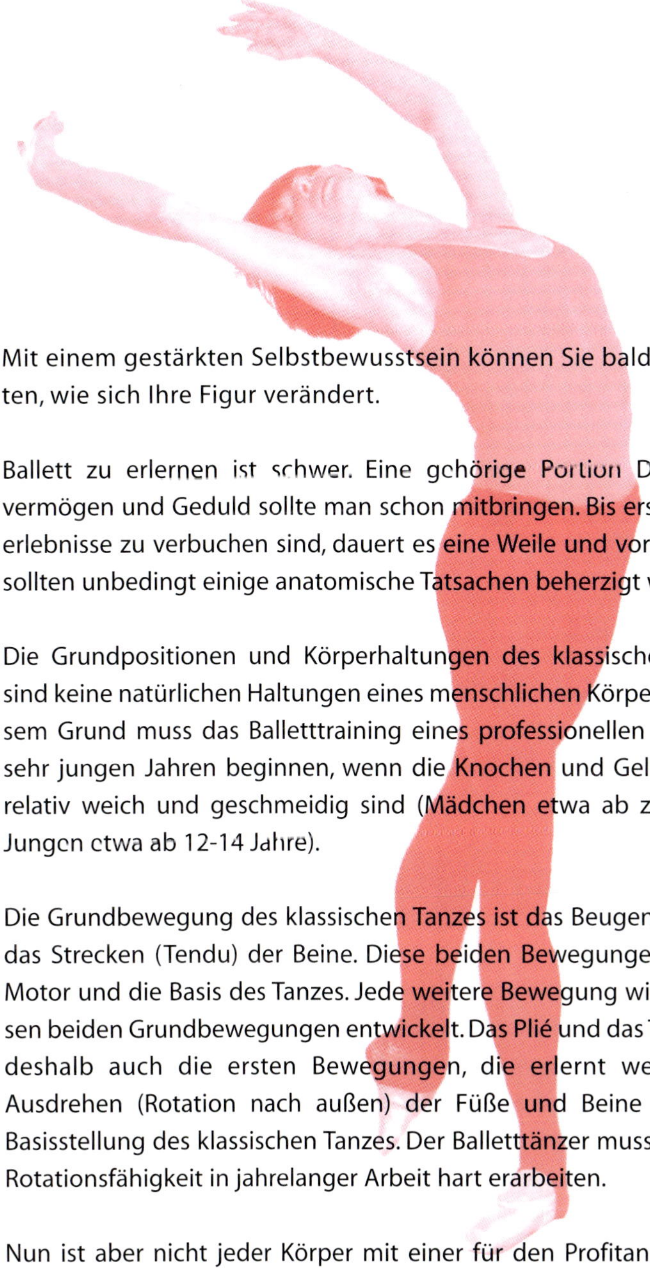

Mit einem gestärkten Selbstbewusstsein können Sie bald beobachten, wie sich Ihre Figur verändert.

Ballett zu erlernen ist schwer. Eine gehörige Portion Durchhaltevermögen und Geduld sollte man schon mitbringen. Bis erste Erfolgserlebnisse zu verbuchen sind, dauert es eine Weile und vor dem Start sollten unbedingt einige anatomische Tatsachen beherzigt werden.

Die Grundpositionen und Körperhaltungen des klassischen Balletts sind keine natürlichen Haltungen eines menschlichen Körpers. Aus diesem Grund muss das Balletttraining eines professionellen Tänzers in sehr jungen Jahren beginnen, wenn die Knochen und Gelenke noch relativ weich und geschmeidig sind (Mädchen etwa ab zehn Jahre, Jungen etwa ab 12-14 Jahre).

Die Grundbewegung des klassischen Tanzes ist das Beugen (Plié) und das Strecken (Tendu) der Beine. Diese beiden Bewegungen sind der Motor und die Basis des Tanzes. Jede weitere Bewegung wird aus diesen beiden Grundbewegungen entwickelt. Das Plié und das Tendu sind deshalb auch die ersten Bewegungen, die erlernt werden. Das Ausdrehen (Rotation nach außen) der Füße und Beine bildet die Basisstellung des klassischen Tanzes. Der Balletttänzer muss sich diese Rotationsfähigkeit in jahrelanger Arbeit hart erarbeiten.

Nun ist aber nicht jeder Körper mit einer für den Profitanz erforderlichen Rotationsfähigkeit in den Hüften ausgestattet. Muss man deshalb auf das Balletttraining als Hobby verzichten?

Nein, vorausgesetzt, man praktiziert das Ausdrehen immer nur in dem Maße, dass die Hüft- und Kniegelenke keinen Schaden nehmen.

Klassisches Balletttraining

Man fängt bei den Füßen an, die weder nach innen überrollen noch nach hinten kippeln dürfen und nur so weit ausgedreht werden, dass man sich, ohne die Balance zu verlieren, auf der ganzen Fußsohle mit entspannten, langen Zehen platzieren kann. Die Fußstellung bildet die Basis!

Großen Wert muss auf die richtige Stellung der Knie gelegt werden. Sie dürfen niemals nach innen kippen. Füße, Knie und Hüften müssen in einer Linie bleiben. Die Füße dürfen nicht weiter ausgedreht werden als die Knie. Es dauert seine Zeit, bis die Beinmuskulatur so weit gestärkt ist, dass man problemlos die fünf Grundpositionen des Balletts beherrscht. Der Oberkörper nimmt eine aufrechte Haltung ein. Die ständige Körperkontrolle und Schulung kräftigt die Rumpfmuskulatur. Haltungsschäden wie das weit verbreitete Hohlkreuz werden korrigiert.

Ein klassisches Balletttraining hat eine Länge von 75-90 Minuten. Es setzt sich zusammen aus einem Exercise an der Stange und einem bewegten, tänzerischen Teil in der Mitte des Ballettsaals. Die Übungen an der Stange dienen als Aufwärmphase. Sie beginnen in einem langsamen Tempo, das allmählich gesteigert wird. Die Abfolge der einzelnen Übungen bleibt immer die gleiche, wobei die Zusammenstellung einzelner Elemente variiert.

Im zweiten Teil der Stunde steigert sich der Schwierigkeitsgrad, denn man hat in der Mitte des Saals keine Stange mehr, um sich festzuhalten. Jetzt fließen auch die Dreh- und Sprungübungen des klassischen Balletts mit ein, die in ihrer Bewegungsgröße und Intensität zunehmen. Die Stunde endet meist mit einem entspannenden, langsamen Port-de-Bras (Armbewegung, in verschiedenen Positionen).

Um als Anfänger eine solide Basis zu erreichen, müssen alle Übungen in einem äußerst langsamen Tempo aufgebaut werden. Nur diese Vorgehensweise führt zu einem zufrieden stellenden Resultat. Der Weg dahin ist zugegebenermaßen sehr mühsam und verdammt anstrengend, aber er lohnt sich!

Zum Schluss noch ein Hinweis: Wenn Sie Ballett als Hobby betreiben, lassen Sie die Finger von Spitzenschuhen. Der Spitzentanz erfordert jahrelanges Training und ist, wenn er nicht richtig ausgeführt wird, schädlich für die Gelenke. Überlassen wir diese virtuose Technik lieber der Ballerina.

Das klassische Balletttraining ist gesund, solange strikt darauf geachtet wird, dass der Körper in seinem anatomischen Lot bleibt.

Moderner Tanz

Die wichtigsten Techniken im modernen Tanz sind die „Graham-" und die „Humphrey-Technik". Sie wurden benannt nach den berühmten amerikanischen Choreografinnen MARTHA GRAHAM und DORIS HUMPHREY. In diesen Techniken, die von den beiden Künstlerinnen in ihren New Yorker Studios entwickelt wurden und die den modernen Tanz nach dem Zweiten Weltkrieg weltweit beeinflussten, wird heute noch erfolgreich unterrichtet.

Der moderne Tanz ist für den Laien leichter zu erlernen als klassisches Ballett. Er stellt eine Tanzform dar, die aufgrund ihrer organischen und dynamischen Bewegungsart dem menschlichen Körper entgegenkommt. Der moderne Tanz ist eine erdverbundene Bewegungsform, die sich in wesentlichen Punkten vom klassischen Ballett unterscheidet. Die Grundpositionen der Beine sind im Gegensatz zum Ballett nicht ausgedreht, sondern parallel gehalten. Im klassischen Tanz ist der Körper hoch aufgerichtet. Er strebt mithilfe der Spitzenschuhe weg vom Boden in die Höhe, während der moderne Tanz den Boden bewusst mit einbezieht. Elemente wie Fallen und Hinuntergleiten sind wichtige Bestandteile des modernen Tanzes. Die Beine sind selten in einer vollkommen gestreckten Haltung. Mit leicht gebeugten Knien verleiht man der Bewegung Schwere. Die bewusste Atmung ist ein wichtiger Bestandteil dieses Bewegungsstils und gibt dem Tanz die entsprechende Dynamik.

Die Grundlage der Graham-Technik bildet das Wechselspiel zwischen Contraction – runder Rücken, der Bauchnabel wird zur Wirbelsäule gezogen, und Release – konkaver Rücken. Diese beiden Bewegungen ziehen sich durch alle Übungen und Choreografien.

Das wesentliche Merkmal der Humphrey/Limon-Technik besteht in der Gewichtsverlagerung. Die elementaren menschlichen Tätigkeiten wie Atmen, Stehen, Gehen, Laufen, Springen, Aufstehen und Fallen sind die Grundlagen dieser Technik. Einer Aktion folgt immer eine Reaktion. Nach einem Fallen erfolgt ein Wiederaufrichten, nach einer Gewichtsverlagerung ein Rückfedern. Die Atmung beeinflusst ganz bewusst die Intensität und Form einer Bewegung.

Auch der moderne Tanz erfordert Disziplin und ausdauerndes Training. Das Ergebnis ist hervorragende Körperbeherrschung, rhythmische Koordination und eine unbegrenzte Freude am Tanz im Einklang mit der Musik. Hinzu kommt körperliche Fitness, Beweglichkeit und die Kräftigung der gesamten Muskulatur.

Der Unterricht für modernen Tanz beginnt, wie alle anderen Formen eines Bewegungstrainings, mit einer Aufwärmphase. Sie kann im Stand mit kleinen federnden Bewegungen oder in sitzender Position auf dem Boden stattfinden. Der Körper wird durch gezielte Übungen auf die nächstfolgende Belastung vorbereitet. Die Kräftigung und Dehnung der Muskulatur steht im Vordergrund.
Der zweite Teil der Stunde, die wie beim Ballett 90 Minuten beträgt, befasst sich mit der Bewegung im Raum. Die Erarbeitung einzelner

Bewegungselemente, choreografischer Études und schließlich ganzer Choreografien bildet das Unterrichtsziel.

Entscheiden Sie sich für Tanz als Ihr Bewegungs- und Fitnessprogramm, so ist es sinnvoll, das klassische Balletttraining mit dem modernen Training abwechselnd zu kombinieren. Wenn Sie zweimal in der Woche trainieren, wäre es ideal, einmal Ballett- und einmal Modernunterricht zu nehmen. Selbstverständlich könnten Sie statt modernem Tanz auch Jazztanz oder eine andere Form wählen.

Die Pilatestechnik

Pilatesübungen sind eine sinnvolle und ideale Ergänzung zu jedem Sport- oder Tanztraining. In seinem überwiegend von Profitänzern besuchten Studio in New York entwickelte der Berufssportler JOSEF PILATES vor ca. 70 Jahren ein ganzheitliches Übungssystem, das, durch gezieltes und fließend praktiziertes Muskeltraining, Schwachpunkte des Bewegungsapparats stärkt. Für Tänzer und Sportler ist die Pilatestechnik eine überaus wirksame Methode zur Prophylaxe und eine ideale Rehabilitationstherapie nach Verletzungen. Das Übungskonzept erfreut sich weltweiter Anerkennung. Auch der ganz normale Laie hat inzwischen die herausragenden Vorteile dieser Technik für sich entdeckt. Wo liegen nun die Gründe für diesen nachweislichen Erfolg der Pilatestechnik?

Die Pilatestechnik arbeitet streng nach den Gesetzmäßigkeiten der menschlichen Anatomie. Alle Bewegungsabläufe folgen den natürlichen körperlichen Voraussetzungen des Menschen. Sie sind absolut organisch. Die Pilatesübungen orientieren sich zum Teil an den Yoga-Asanas. Die richtige Atmung spielt wie beim Yoga eine wesentliche Rolle. Die Übungen werden langsam und sehr konzentriert durchgeführt, dabei wird auf eine penible Genauigkeit geachtet. Man erfährt ein neues Körperbewusstsein und spürt Muskeln, deren Existenz man vorher nie bemerkt hat. Eine korrekte Körperhaltung ist Ausgangspunkt der Pilatestechnik, die systematisch alle Muskelgruppen kräftigt und Verspannungen löst. Konsequent und regelmäßig angewendet, können die Übungen zu einer idealen Figur verhelfen.

Die Ausführung der Übungen erfordert größte Sorgfalt und es ist ratsam, sich zunächst von einem erfahrenen Lehrer unterweisen zu lassen. Es gibt Pilatesstudios, die über das von JOSEF PILATES entwickelte Gerät »UNIVERSAL REFORMER« (übersetzt: „universaler Umformer"), auch als Plié-Maschine bekannt, verfügen. Diese Maschine ermöglicht ein optimales Training durch speziell ausgefeilte Vorrichtungen wie Zuggürtel und Gewichte.

BEAUTY

Wellness für eine schöne und gesunde Haut

Die Haut ist das größte Organ des menschlichen Körpers, sie erfüllt viele wichtige Aufgaben. Die Haut verbindet die Außenwelt mit dem Organismus und schützt den Körper vor schädlichen äußeren Einflüssen, wie UV-Strahlen, Bakterien, Kälte und Hitze. Sie leitet aber auch über ihre feinen Nervenfasern Informationen der Außenwelt an das Gehirn weiter. Über die Haut wird Schweiß abgesondert, um den Körper zu entgiften und Schlackenstoffe auszuscheiden. Bei übermäßiger Hitze wird der Körper durch vermehrte Schweißabsonderung und die dadurch entstehende Verdunstung auf der Haut abgekühlt. Bei Kälte verengen sich die Hautgefäße und vermeiden so zusätzlichen Wärmeverlust. Die Haut reguliert den Wärme- und Wasserhaushalt des Körpers. Sie übernimmt die Aufgabe einer ersten Abwehrfront des Immunsystems bei Infektionen. Schließlich dient sie auch als Pufferzone und schützt die unteren Hautschichten und inneren Organe vor Stößen und Verletzungen.

Der Alterungsprozess der Haut ist ein natürlicher Vorgang, den man nicht aufhalten kann. Man kann allerdings viel dafür tun, dass die Haut, unabhängig vom Alter, immer gesund und gepflegt bleibt.

Vollwertige, vitaminreiche Ernährung, eine gesunde, stressfreie Lebensweise und schließlich die richtige Pflege sind die besten Garanten für ein strahlendes Aussehen bis ins hohe Alter. Hautprobleme werden nicht durch teure Kosmetika oder den plastischen Chirurgen gelöst. Man muss sie ganzheitlich betrachten, denn die Haut ist ein äußerst sensibles Organ, das sofort auf unsere seelische Verfassung und Stress reagiert. Sie ist ein Spiegel unseres Seelenlebens und verrät, ob wir glücklich oder traurig, ängstlich oder euphorisch sind.

Die Haut reagiert sehr empfindlich auf äußere Reize. So reicht es schon aus, einen kratzigen Wollpullover auf der Haut zu tragen, um sich unwohl zu fühlen. Die Botschaft, ob ein von außen ausgeübter Reiz Wohlsein oder Unwohlsein auslöst, wird sofort an das Gehirn weitergeleitet. Tut etwas weh und ist unangenehm, ziehen sich blitzartig die Gefäße zusammen. Bei Streicheleinheiten hingegen entspannt die Haut und die Poren öffnen sich.

Gönnen Sie sich jeden Tag wenigstens ein Minimum an Zeit für ein wohltuendes Pflegeritual. Es wird Sie rundherum regenerieren und entspannen.

Um sich in seiner Haut wohl zu fühlen, sollte man liebevoll mit ihr umgehen. Dazu gehört auch, dass man lernt, seine im Laufe des Lebens erworbenen und wohlverdienten Falten zu akzeptieren. Die Haut eines jeden Menschen unterliegt vom ersten Lebensjahr an bis ins hohe Alter einem kontinuierlichen Veränderungsprozess. Insbesondere die

Gesichtshaut ist ständig wechselnden Witterungseinflüssen ungeschützt ausgeliefert. Die Temperaturschwankungen sind im Winter oftmals extrem. Draußen herrscht klirrende Kälte und drinnen sorgt mollige Heizungsluft für angenehme Temperaturen. Speziell für die Gesichtshaut bedeuten diese Schwankungen Stress. Aus diesem Grund sollte ihr eine besonders intensive Pflege zukommen.

In erster Linie muss die empfindliche Gesichtshaut vor schädlichen Umwelteinflüssen wie Staub, Schmutz sowie den bereits erwähnten Temperaturschwankungen und vor den gefährlichen UV-Strahlen geschützt werden. Die Beschaffenheit der Haut hängt nicht nur vom Alter ab, erbliche Veranlagung und die Lebensumstände spielen eine wesentliche Rolle.

Ärzte mahnen immer wieder an, dass Menschen in der Regel zu wenig trinken. Der Alterungsprozess der Haut wird durch Austrocknen beschleunigt. Nimmt man hingegen reichlich Flüssigkeit zu sich, kann man der Faltenbildung und Erschlaffung des Hautgewebes sichtbar entgegenwirken. Täglich drei Liter sollten es sein – Kaffee, schwarzer Tee und Alkohol zählen aber nicht dazu.

Trinken Sie Wasser! Leitungswasser ist eine hervorragende Alternative zu den handelsüblichen Mineralwässern. Die Qualität des Leitungswassers ist in den meisten Bundesländern erwiesenermaßen sehr gut und der Gehalt an Mineralien ist hoch. Leitungswasser ist frisch, es unterliegt ständigen, sorgfältigen Kontrollen. Es lagert nicht endlos in Flaschen, die mit aggressiven Reinigern behandelt wurden, und es hat

Sie können viel für Ihre Haut tun, indem Sie ausreichend trinken.

keine meilenweiten Transportwege hinter sich. Falls es Ihnen nicht schmeckt, können Sie das Wasser filtern. Allerdings sollten Sie Ihr Leitungswasser auf einen eventuellen Bleigehalt, zum Beispiel bei alten Rohren, von den städtischen Wasserwerken überprüfen lassen.

Kräutertees sind Wunderwaffen für die Schönheit. Ihre Blut reinigende Wirkung und ihr hoher Gehalt an Vitaminen und Mineralien entschlackt die Haut und sorgt für einen klaren, strahlenden Teint. Früchtetees, grüner Tee und Säfte unterstützen die Gesunderhaltung der Haut.

Sicherlich ist es nichts Neues für Sie, dass Rauchen und übermäßiger Alkoholgenuss Gift für die Haut ist. Können Sie es trotz Warnungen vor hohen Risiken nicht lassen, sorgen Sie konsequent für eine Entgiftung durch jede Menge Flüssigkeit in Form von Wasser, ungesüßten Tees und Säften.

Aufbau und Funktion der Haut

Die Haut setzt sich aus drei Hauptbestandteilen zusammen.

› Die Oberhaut, auch Epidermis genannt, ist die oberste Schicht der Haut und besteht aus mehreren Zellschichten. Obenauf liegt die Hornschicht, sie hat direkten Kontakt zur Außenwelt. Die Epidermis hat die Aufgabe der Pigmentbildung und der Erzeugung von Keratin, außerdem signalisiert sie das Eindringen von Fremdstoffen. In den unteren Schichten der Epidermis, der Basalzellenschicht, auch Keimzellenschicht genannt, und der Stachelzellenschicht, findet die Zellteilung statt.

› Das ständige Absterben von Zellen in der Hornschicht wird durch die Bildung neuer Zellen in der unteren Epidermis kompensiert. Die neuen Zellen drängen nach oben an die Hautoberfläche, auf ihrem Weg durchlaufen sie eine kontinuierliche Veränderung. Oben in der Hornschicht angekommen, werden sie als tote Hautschüppchen wieder abgestoßen. Der Prozess der Zellteilung, Erneuerung, Verhornung und schließlich des Abstoßens dauert zwischen 28 und 30 Tage.

› Die Zellteilung findet vorwiegend und begünstigt im Schlaf und in Ruhephasen statt. Sie wird auch durch das Abrubbeln der Hornschicht (Peeling) angeregt. Mit zunehmendem Alter verringert sich die Neubildung von Zellen in der unteren Keimzellenschicht. Der Prozess der Zellteilung verlangsamt sich, das Hautbild zeigt die Spuren des Alterungsvorgangs durch Faltenbildung und Runzeln.

› Die Epidermis hat die Funktion einer Barriere gegen schädliche Umwelteinflüsse und Bakterien. Der Hydrolipidmantel – ein Wasser- und Fettfilm – hält die Hornschicht elastisch, schützt vor Austrocknung und ist relativ undurchlässig gegenüber Wasser, Chemikalien und Bakterien. „Hydro" nennt man das aus den Schweißdrüsen kommende Wasser, die Lipide (Fett) werden in den Talgdrüsen gebildet, beide Drüsen befinden sich in der Lederhaut. Der Hydrolipidmantel eines jeden Menschen ist anders zusammengesetzt, entsprechend der Fettproduktion in den Talgdrüsen. Daraus ergeben sich verschiedene Hauttypen, nämlich eine fette, eine normale, eine trockene oder eine Mischhaut.

› Der pH-Wert der Haut liegt im sauren Bereich und bildet den Säureschutzmantel, der das Wachstum von Krankheitsherden verhindert. Jedes Waschen zerstört den Säureschutzmantel und den Hydrolipidmantel. Eine gesunde Haut braucht 5-8 Stunden, um den Hydrolipidmantel und ca. 30 Minuten, um den Säureschutzmantel wieder aufzubauen.

› Die Lederhaut (Cutis). Elastisches und straffes Bindegewebe bildet die Cutis. Diese collagenen Fasern binden und speichern Wasser. Die Fähigkeit des Wasserbindens nimmt mit zunehmendem Alter ab.

Das Bindegewebe erschlafft und es kommt zur Faltenbildung. Die Lederhaut ist von feinen Blutkapillaren durchzogen, die für die Ernährung der Oberhaut und für die Temperaturregulierung zuständig sind. Die Talg- und Schweißdrüsen befinden sich in der Cutis, die auch die Elastizität der Haut erhält.

› Die Unterhaut (Subcutis). Die aus lockerem Bindegewebe gebildete Unterhaut bildet einen sehr effektiven Kälteschutz. Die in ihr angesiedelten Fettpolster dienen als Druck- und Stoßdämpfer und schützen die inneren Organe vor Verletzungen. Sie übernimmt auch die Aufgabe eines Fett- und Nährstoffdepots für die Haut.

Die Alterung der Haut

Mit zunehmendem Alter verliert die Haut an Elastizität, sie wird empfindlicher und trockener. Die Reparaturfähigkeit der Zellen und die Zellteilung nimmt ab. Durch den Verlust an Gewebeflüssigkeit trocknet die Haut immer weiter aus und erschlafft. Die Pigmentierung der Haut wird ungleichmäßig, es entstehen Altersflecken, vorwiegend im Gesicht und auf den Händen. Ursache ist vor allem die Sonneneinstrahlung, die den

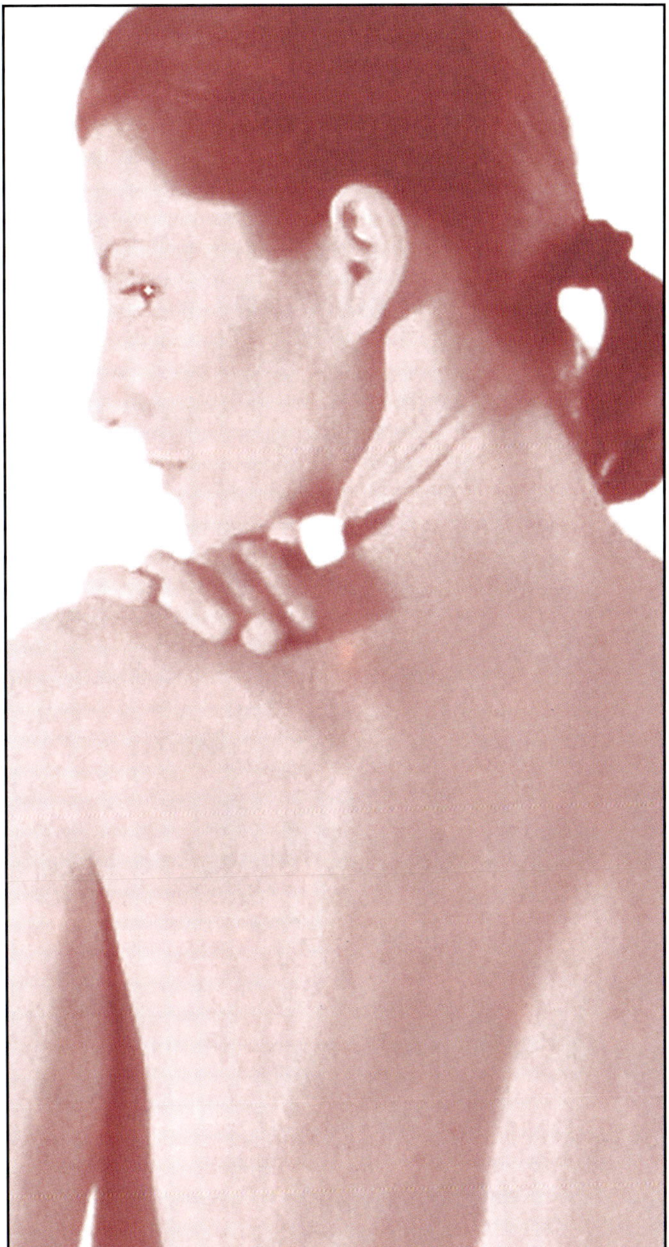

Eine Haut wie
Samt und
Seide ist der
Wunschtraum
jeder Frau.

Alterungsprozess beschleunigt. Hinzu kommt Stress, Nikotin und eine falsche Ernährung: Faktoren, die einen negativen Einfluss auf die Haut haben.

Gegen das natürliche und unabwendbare Älterwerden gibt es trotz aller Versprechungen der Kosmetikindustrie kein Zaubermittel. Aber man braucht auch nicht tatenlos zuzusehen, wie die Falten immer tiefer werden.

Sie können einiges dafür tun, dass die Falten weicher, die Faltentiefe gemildert und der Tonus, die Spannkraft von Gewebe und Muskeln, gestrafft wird.
Dabei helfen:

- Eine vitaminreiche und ausgewogene Ernährung.
- Ausreichendes Trinken, vor allem mineralreiches Wasser.
- Eine gute Durchblutung der Muskulatur durch Massage und Muskeltraining.
- Eine gute Hautpflege, die der Haut viel Feuchtigkeit zuführt.
- Konsequenter Schutz vor UV-Strahlen und schädlichen Umwelteinflüssen.

Die Haut unterliegt im Laufe des Lebens vielen Veränderungsprozessen. Da spielen neben dem Alter und Lebensgewohnheiten auch hormonell bedingte Veränderungen im Organismus und Umstände wie Krankheit oder Stresssituationen eine große Rolle. Ihr Hauttyp kann sich im Laufe Ihres Lebens total verändern. Es ist wichtig, die

Beschaffenheit der Haut zu beobachten, um ihr die richtige Pflege zukommen zu lassen. Sie wollen Ihre Haut nicht mit Fettcreme zukleistern, wenn sie es gar nicht braucht. Das Resultat wäre eine verstopfte und müde wirkende Haut.

Die Bestimmung Ihres Hauttyps

Waschen Sie Ihr Gesicht mit reichlich warmem Wasser und trocknen Sie es anschließend mit einem sauberen Handtuch ab. Jetzt lassen Sie das Gesicht für anderthalb bis zwei Stunden völlig unbehandelt ruhen. Tragen Sie keine Creme, Lotion oder Gesichtswasser auf, auch wenn die Haut spannt. Der Hautstoffwechsel wird in diesem Ruhezustand angeregt und ergibt ein korrektes Bild Ihres Hautzustands.

Unser körperlicher wie geistiger Zustand spiegelt sich in unserem Hautbild.

Nach ca. zwei Stunden legen Sie ein Papiertuch auf das ganze Gesicht und drücken es leicht an. Nach einer Minute entfernen Sie das Tuch und nun können Sie anhand der Fettabdrücke auf dem Papier Ihren Hauttyp bestimmen.

- Trockene und normale Haut: keine Abdrücke.
- Mischhaut: Abdrücke von Nase und Stirn.
- Fettige Haut: Abdrücke von Nase, Stirn, Wangen und Kinn.

Meistens benötigt trockene Haut eher Feuchtigkeit als Fett.

Die normale Haut

Die normale Haut hat ein feinporiges, elastisches und gut durchblutetes Hautbild. Es treten keine Hautunreinheiten oder erweiterte Poren auf. Auf der Hautoberfläche bildet sich kein Fettfilm. Ab einem Alter von etwa 30 Jahren kann die normale Haut zu trockener Haut tendieren. Zu empfehlen ist eine schonende Reinigung und sanfte Pflege, die hauptsächlich Schutz vor Sonne und Schmutz bietet. Einmal in der Woche kann man seiner Haut eine gründliche Reinigung in Form eines Gesichtsdampfbades mit Kräuterzusätzen oder einer Quarkpackung, mit ein wenig Honig und Sahne angerührt, gönnen. Man sollte bei normaler Haut darauf achten, leichte Cremes zu verwenden, um die Haut atmen zu lassen und die Poren nicht zu verstopfen.

Vermeiden Sie das Rubbeln und Zerren der Haut, auch ein sanftes Peeling sollte nur ganz selten, höchstens einmal im Monat, angewandt werden.

Die trockene Haut

Trockene Haut produziert nicht genug hauteigene Fette und bindet zu wenig Feuchtigkeit. Sie hat ein feinporiges, reines Hautbild und ist in jungen Jahren kaum von der normalen Haut zu unterscheiden. Trockene beziehungsweise sebostatische Haut wird schon ab Mitte 20 immer dünner, empfindlich und pergamentartig. Es kommt häufig zu Schuppenbildung und sie neigt zu geplatzten Äderchen sowie zu Entzündungen.

Die zarte Haut reagiert äußerst empfindlich gegenüber Witterungseinflüssen und muss sorgfältig geschützt werden. Es bilden sich frühzeitig Falten, da die Talgdrüsen zu wenig Talg produzieren, um die Haut elastisch zu halten. Durch den Fettmangel fehlt ein ausreichender Schutz und ein ständiger Feuchtigkeitsverlust kommt hinzu. Die richtige Pflege ist bei dieser problematischen Haut ausschlaggebend, denn es ist ein Irrglaube, anzunehmen, eine fetthaltige Creme allein könne das Problem lösen. Im Gegenteil, die kontinuierliche Fettzufuhr von außen lässt die mangelnde hauteigene Fettproduktion noch träger werden, bis sie schließlich ihre Aktivität völlig einstellt. Die Haut ist nun gar nicht mehr in der Lage, von sich aus Fett zu produzieren und ist komplett von einer Fettcreme abhängig.

Da die Haut mit zunehmendem Alter trockener wird, greift man zu immer fetteren Cremes, um das unangenehme Spannungsgefühl loszuwerden, es ist eine endlose Spirale. Der Handel bietet eine unübersichtliche Fülle

Einmal in der Woche ein Gesichtsdampfbad mit Kräuterzusätzen gibt der Haut eine Tiefenreinigung und wirkt durchblutungsfördernd. Hierzu eignen sich besonders gut Johanniskraut, Thymian und Zinnkraut.

an Spezialcremes für trockene Haut. Man muss sehr sorgfältig darauf achten, dass das Produkt weder Farb- und Parfumstoffe noch aggressive Konservierungsmittel enthält, die eine zusätzliche Reizung der Haut verursachen können. Harnstoffe und Hyaluronsäure haben die Fähigkeit, Feuchtigkeit in der Haut zu binden. Produkte, die diese Stoffe enthalten, können sich bei trockener Haut günstig auswirken.

Eine sanfte Reinigung, möglichst ohne Seife, mit Reinigungsmilch oder rückfettenden Waschstücken ist zu empfehlen. Extreme Wassertemperaturen, also zu heißes oder zu kaltes Wasser, trocknen die Haut weiter aus. Feuchtigkeitsspendende Packungen und nährende Masken sind gut geeignet, die Haut zusätzlich zu unterstützen.

Räumen Sie bei trockener Haut dem Sonnenschutz oberste Priorität ein. Wenn Sie eine trockene Haut haben und sich in der Sonne aufhalten, ist es sinnvoll, einen Sunblocker mit dem höchsten Sonnenfilter zu verwenden. Halten Sie sich nach Möglichkeit im Schatten auf. Keine Angst, auf diese Weise wird man auch braun, langsamer zwar, aber dafür hält die Bräune auch länger. Außerdem vermeiden Sie das frühzeitige Altern der Haut, das nachweislich von der Sonne verursacht wird. Vermeiden Sie unbedingt das Solarium, es ist Gift für die Haut!

Meiden Sie auch bei der Mischhaut das sehr heiße und kalte Wasser.

Die Mischhaut

Die Mischhaut besteht eigentlich aus zwei Hauttypen, nämlich der trockenen und der fettigen Haut. Die T-Zone, Stirn, Nase und Kinn, weist meist eine fettige Tendenz auf, während die Wangen, Augen- und Mundpartien zu Trockenheit neigen. Bei der Pflege der Mischhaut werden die einzelnen Hautpartien individuell nach Beschaffenheit behandelt. Die fettigen Stellen brauchen nur sehr wenig Creme, während die trockenen Hautpartien gut mit Feuchtigkeits- und fetthaltigen Cremes versorgt werden müssen.

Reinigen Sie das Gesicht mit rückfettenden Seifen oder einer milden Reinigungsmilch. Dazu kann man ein weiches Gesichtsbürstchen benutzen und mit kreisenden Bewegungen die Seife oder Milch in die

Achtung bei den Wasch- und Reinigungsprodukten, besonders bei empfindlicher und trockener Haut. Benutzen Sie nur rückfettende Seifen bzw. seifenfreie Waschstücke, die Ihre Haut nicht austrocknen.

Haut einmassieren. Anschließend mit viel Wasser abspülen. Sie können ganz auf Seife oder Reinigungsmilch verzichten, wenn Sie einen speziellen Waschlappen aus Mikrofaser benutzen, der im Handel angeboten wird. Auf diese Weise wird die Haut gründlich, aber äußerst schonend gereinigt.

Kamillentee ist ein heilendes und sanft-antibakterielles Reinigungsmittel. Hamameliswasser als Tonikum nach der Reinigung ist ein vorzügliches Schönheitsmittel, es trocknet nicht aus und wirkt gleichzeitig entzündungshemmend. Hautunreinheiten sollte man mit leicht adstringierenden Mitteln behandeln.

Absolut schonend, aber effektiv bei Hautreizungen und Hautunreinheiten ist Zinksalbe. Morgens und abends auf die entsprechenden Stellen aufgetragen und leicht eingeklopft, kann diese bewährte Heilsalbe wahre Wunder vollbringen. Vorsicht ist bei alkoholhaltigen Produkten geboten. Alkohol wirkt stark entfettend und regt somit die Talgproduktion noch mehr an, ein Vorgang, den man ja vermeiden möchte.

Ab und zu ein sanftes Peeling für die fettigen Gesichtspartien und feuchtigkeitsspendende Masken sind sinnvoll. Auch die für jede Haut hervorragend geeignete Quarkmaske ist eine wohltuende Kur für Gesicht, Hals und Dekolletee. Eine Heilerdepackung ist eine sehr wirksame Maßnahme bei unreinen Hautpartien, sie wirkt straffend, heilend und zieht die Poren zusammen.

Die fette Haut

Die Talgdrüsen der fetten Haut produzieren zu viel Fett, diese übermäßige Talgabsonderung verstopft die Poren. Dadurch entstehen Mitesser und Pickel, besonders in der T-Zone. Das Hautbild wirkt schlecht durchblutet und weist erweiterte Poren auf. Die fette Haut ist wesentlich dicker als die trockene Haut und dadurch auch weniger empfindlich.

Der Vorteil der fetten Haut liegt darin, dass sie später weniger zur Faltenbildung neigt. Jugendliche, speziell in der Pubertät, neigen zu fetter Haut. Durch die erhöhte Tätigkeit der Hormondrüsen findet eine vermehrte Fett- und Talgproduktion sowie eine starke Verhornung statt. Die verstopften Poren entzünden sich und es entsteht eine Akne. Die jugendliche Akne kann normalerweise selbst behandelt werden. Sie klingt ab, sobald sich der Hormonspiegel normalisiert hat. Bei schweren Fällen sollte man den Arzt aufsuchen, denn die entzündeten Stellen können Narben hinterlassen. Wer unter Akne leidet, sollte auch seine Ernährung überprüfen, eventuell lassen sich auch hier die Ursachen finden.

Die Reinigung ist der wichtigste Teil bei der Pflege der fetten Haut. Am besten nimmt man dazu Wasser und Seife. Auch milde Reinigungspräparate, die Teer, Schwefel oder Ichthyol enthalten, können einen positiven Effekt haben. Das Gesichtswasser darf etwas alkoholhaltig

Ihr Gesicht ist Ihre Visitenkarte, widmen Sie sich deshalb mit besonderer Sorgfalt der Pflege und Gesunderhaltung Ihrer Gesichtshaut.

sein, in erster Linie sollte es auf einer sauren Basis eingestellt sein. Gesichtsdampfbäder mit Kräuterauszügen aus Pfefferminze, Salbei und Thymian sind sehr zu empfehlen. Eine leichte, fettarme Pflegecreme oder -milch sollte als Tagesschutz verwendet werden. An kalten Wintertagen braucht die Haut meist eine leicht fetthaltige Pflege.

Nachts sollte man möglichst auf Creme verzichten, um die Poren nicht unnötig zu verstopfen. Ab und zu eine Gesichtspackung, die eine adstringierende und porenzusammenziehende Wirkung hat, hilft, die Fettproduktion der Haut zu verringern.

Mit zunehmendem Alter verändert sich die Haut und wird trockener. Man muss also nicht sein ganzes Leben lang unter fetter Haut leiden. Auch hier gilt: Eine genaue Beobachtung des Hautbildes ist wichtig, um der Haut stets die für sie notwendige Pflege zukommen zu lassen.

Schönheitspflege muss nicht teuer sein. Es gibt kinderleichte Rezepte für die Kosmetik zum Selbstmachen. Die Schönheitsmittel, die Sie bei sich zu Hause herstellen können, werden die überteuerten Produkte der Kosmetikindustrie an Qualität und Frische weit übertreffen. In jedem Fall wissen Sie genau, was in Ihrer selbst gemachten Creme enthalten ist und können bewusst auf aggressive Konservierungsmittel oder chemische Zusätze verzichten.

Die Werbung lockt mit herrlichen Versprechungen, die wir als Konsument allzu leichtgläubig teuer bezahlen. Laufend werden neue Kosmetikserien auf den Markt gebracht, wiederum mit den tollsten Versprechungen und folgsam wie die Schafe probieren Frauen alles aus.

Die angepriesenen Cremes können die hohen Erwartungen nicht erfüllen, daher muss die Frau ständig Neues erproben. Der konstante Wechsel von Pflegeprodukten bedeutet allerdings den größten Stress für die Haut. Haben Sie eine Creme gefunden, die Ihrer Haut gut tut, dann bleiben Sie bei ihr. Ersparen Sie Ihrer Haut die unnötigen Umstellungsprozesse, sie wird mit der Zeit sonst immer empfindlicher.

Schönheitspflege aus der eigenen Produktion macht enorm viel Spaß und kann regelrecht zu einem Hobby werden. Die dafür notwendigen Rohstoffe und Arbeitsutensilien erhalten Sie problemlos in der Apotheke, im Reformhaus oder beim Versandhandel „Spinnrad“. Es gibt zahlreiche Bücher mit guten Anleitungen und Rezepturen für die selbst gemachte Kosmetik.

Wellness und Schönheitskuren für zu Hause

Warum nicht dieses Wochenende oder den freien Abend Ihrer Schönheit widmen? Einmal so richtig relaxen und eintauchen in die Wonnen einer orientalischen Badezeremonie. Oder verwöhnen Sie sich mit asiatischen Schönheitsgeheimnissen. Sie werden sich erfrischt und rundherum regeneriert fühlen, wie nach dem Aufenthalt in einem Luxus-Beautysalon. Genießen Sie die heilenden Dämpfe ätherischer Öle, wie Rose, Jasmin oder Orange. Verwöhnen Sie Ihre Haut mit hochwertigem Sesam- und Jojobaöl. Legen Sie eine Maske auf, die eine entspannende Wirkung hat und Ihnen Wohlbefinden schenkt. Mit Musik und Kerzen in Ihrem Badezimmer verschaffen Sie sich eine wohltuende Atmosphäre, die obendrein auch noch die Seele streichelt. Achtung: Baden Sie nicht mit vollem Magen!

Das reinigende Körperpeeling

Bevor Sie in das duftende Badewasser steigen, machen Sie es wie die Japanerin und reinigen Sie Ihren Körper mithilfe einer Bürstenmassage oder einem Peeling. Die Rubbelmassage reinigt nicht nur die

Haut von toten Hautzellen und Schmutzpartikeln, sie regt sowohl den Stoffwechsel als auch den Lymphfluss an. Giftstoffe und Schlacken werden ausgeschieden, die Blutzirkulation kommt in Schwung. Das Peeling kann man ein- bis zweimal die Woche anwenden. Beim regelmäßigen Abrubbeln mit einer Bürste, einem Luffaschwamm oder einem Sisalhandschuh bleibt das Hautgewebe fest und man bekämpft effektiv die Cellulitis.

Beginnen Sie mit Ihrer Bürstenmassage am rechten Fuß und arbeiten Sie sich mit kleinen, kreisenden Bewegungen das Bein hoch. Drücken Sie nicht zu fest, um die Haut nicht zu verletzen. Danach verfahren Sie genauso mit dem linken Bein, dem Po sowie dem Rücken, dann dem rechten und dem linken Arm, den Schultern und schließlich den Bauch hinauf in Richtung Herz.

Waschen Sie die Bürste bzw. den Handschuh regelmäßig aus, um eine Bildung von Bakterien zu vermeiden.

Nach dem morgendlichen Bürsten wartet die entspannende Dusche, die man immer mit einem kalten Guss beenden sollte. Auch hier beginnen Sie am rechten Fuß, lassen den kalten Wasserstrahl langsam die Außenseite des Beins hochfließen und an der Innenseite wieder zum Fußknöchel hinunter. Nachdem Sie mit dem linken Bein genauso verfahren sind, lassen Sie das Wasser die Außenseite des rechten Arms bis zur Schulter hochgleiten, dann um die Schulter und an der Innenseite wieder hinunter.

Gönnen Sie sich täglich diese anregende Massage, morgens ist dafür die beste Zeit. Nach der vitalisierenden Behandlung ist die Haut besonders aufnahmefähig für wohltuende Öle und nährende Bodylotions.

Nach dem linken Arm folgt das Gesicht. Der Wasserstrahl kreist sanft um das Gesicht und dann den Rücken hinunter. Jetzt lassen Sie das Wasser im Uhrzeigersinn um den Bauch kreisen, gehen dann um die rechte und ganz zum Schluss um die linke Brust.

Die kleine Abhärtungskur wirkt wunderbar erfrischend und anregend. Die Poren werden wieder geschlossen, der Kreislauf kommt in Schwung und die Abwehrkräfte werden trainiert. Außerdem sind Sie jetzt mit Sicherheit wach!

Nach dem Bad oder der Dusche verwöhnen Sie Ihre Haut mit duftenden und pflegenden Ölen oder Cremelotions. Massieren Sie wie bei der Rubbelbehandlung von unten nach oben zum Herzen hin. Öl zieht schneller ein, wenn die Haut noch ein wenig feucht ist.

In den indischen ayurvedischen Behandlungen wird der Körper morgens vor dem Duschen oder Baden eingeölt und massiert. Dann steigt man unter die Dusche bzw. in die Wanne, ein belebendes, prickelndes Gefühl breitet sich auf der Haut aus. Überschüssiges Öl wird abgespült, die Haut bleibt samtigweich. Diese Anwendung wird Ihnen einen wunderbaren Start in den Tag bereiten.

Genießen Sie das Ritual des Ölens und Eincremens. Mit kreisenden, kleinen Bewegungen und leicht knetend können Sie Verspannungen, die oft im Nacken- und Schulterbereich sitzen, auflockern. Lassen Sie die Lebensenergie, das Qi, fließen und finden Sie mithilfe der aromatischen Öle Ihre innere Balance.

Cellulitis

Die Cellulitis, auch Orangenhaut genannt, tritt vor allem bei Frauen auf und ist eine Bindegewebsschwäche, die durch ein Ungleichgewicht zwischen Bindegewebe und Fett in der Unterhaut sowie eine Störung des Stoffwechsels im Gewebe entsteht. Laut Statistik leiden nicht nur Übergewichtige unter Cellulitis, 80% aller Frauen sind von dieser Hautveränderung betroffen, die besonders in den Wechseljahren durch hormonelle Veränderungen auftreten kann.

Die tägliche Massage mit einer mittelgroben Bürste, einer speziellen Cellulitis-Massagerolle, die mit Noppen versehen ist, oder mit dem bewährten Luffahandschuh stellt eine effektive Gegenmaßnahme dar. Parallel dazu sollte man auf eine fettarme und ballaststoffreiche Ernährung achten. Trinken Sie viel mineralhaltiges Wasser und essen Sie sehr viel frisches Obst. Auch tägliche kalt/warme Wechselduschen sind äußerst wirkungsvoll. Bewährt haben sich außerdem Körperpackungen mit Schlamm aus dem Toten Meer. Wenn Sie jetzt noch Sport treiben, Schwimmen gehen, öfter mal Gymnastikübungen machen und sich auch sonst möglichst viel bewegen, dann haben Sie der lästigen Orangenhaut erfolgreich den Kampf angesagt.

Halten Sie durch! Mit einer konsequenten Behandlung werden Sie das Problem bald in den Griff bekommen!

Die Gesichtspflege

Die empfindliche und stark beanspruchte Gesichtshaut muss sorgfältig gepflegt und geschützt werden.

Die wichtigsten Schritte für einen makellosen Teint:

› Die Reinigung befreit die Haut von Make-up, Puder und überschüssigem Fett. Schmutz- und Staubpartikel werden entfernt.

› Das Dampfbad, 1 x die Woche angewandt, öffnet die Poren, regt die Durchblutung an und reinigt porentief.

› Das Peeling rubbelt die oberste Hornschicht ab. Es reinigt sehr tief, regt den Stoffwechsel der Haut an und sorgt für eine intensive Durchblutung. Die Haut wird besonders aufnahmebereit für Wirkstoffe und Pflegesubstanzen. Das Peeling sollte man 1-2 x monatlich anwenden. Vorsicht bei trockener und empfindlicher Haut.

› Die Maske gibt der Haut eine intensive Pflege. Sie nährt, glättet, strafft und regeneriert die Haut auf optimale Weise, 1-2 x wöchentlich.

- Das Gesichtswasser wird nach der Reinigung mit einem Wattebausch aufgetragen, um die Poren zu schließen und den Säureschutzmantel der Haut wiederherzustellen.

- Die Pflegecreme wird nach der Reinigung in die Haut einmassiert. Die Auswahl der Creme richtet sich nach Ihrem Hauttyp, sie sollte nicht zu fett sein und niemals zu dick aufgetragen werden, damit die Haut atmen kann und die Poren nicht verstopfen. Überschüssige Creme kann man mit einem Papiertuch entfernen.

- Der Sonnenschutz ist fast der wichtigste Teil der heutigen Gesichtspflege. Selbst wenn Sie sich nur kurze Zeit im Freien aufhalten, sollten Sie nicht auf ihn verzichten. Die Strahlenintensität hat gefährlich zugenommen, auch bei bewölktem Himmel schädigen die UVA/UVB-Strahlen unsere Haut. Entweder, Sie benutzen eine Tagescreme, die einen Sonnenschutzfilter enthält, oder Sie verwenden sicherheitshalber eine leichte Feuchtigkeitscreme, über die Sie Sonnenschutzcreme geben.

Sanfte Massage und Gymnastik zur Verjüngung des Gesichts

Trainieren Sie Ihre Gesichtsmuskeln, denn das sorgt für ein festes Hautgewebe und strafft die Gesichtszüge.

› Beginnen Sie mit dem Training der fünf Vokale A – E – I – O – U. Sagen Sie die Vokale so breit und so groß wie möglich 10 x hintereinander auf. Machen Sie diese Übung ruhig öfters am Tag, sie erfrischt und regt die Durchblutung der Gesichtsmuskeln an.

› Legen Sie die Fingerkuppen des Zeige-, Mittel- und Ringfingers auf den Augenbrauenbogen. Schieben Sie die Augenbrauen ganz leicht nach oben und schließen Sie gegen den Widerstand die Augenlider. Wiederholen Sie die Übung 10 x.

› Legen Sie die Fingerkuppen der Mittelfinger auf die Mundwinkel. Drücken Sie sanft zu und zählen Sie dabei bis drei, anschließend lassen Sie langsam los.

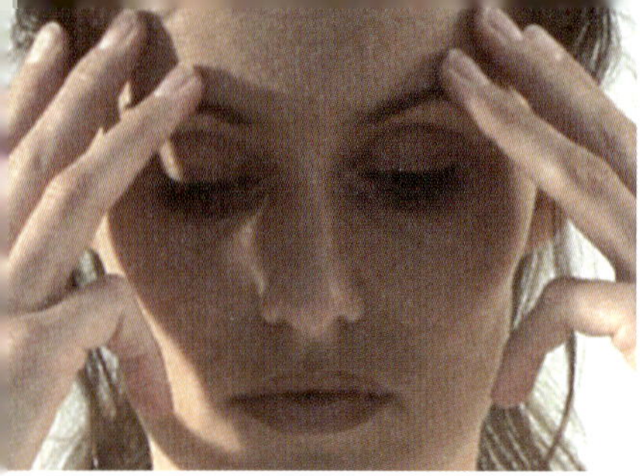

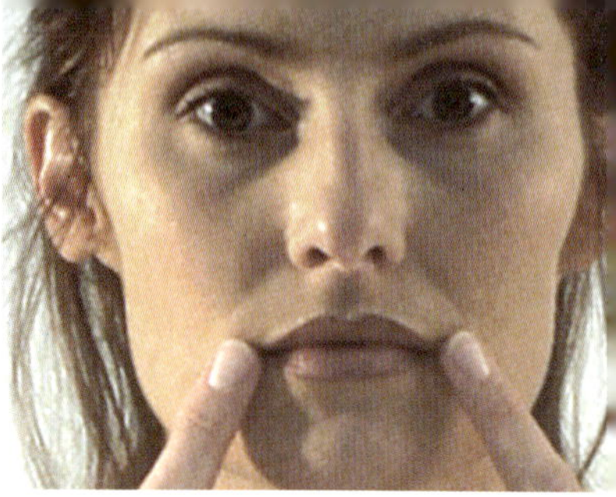

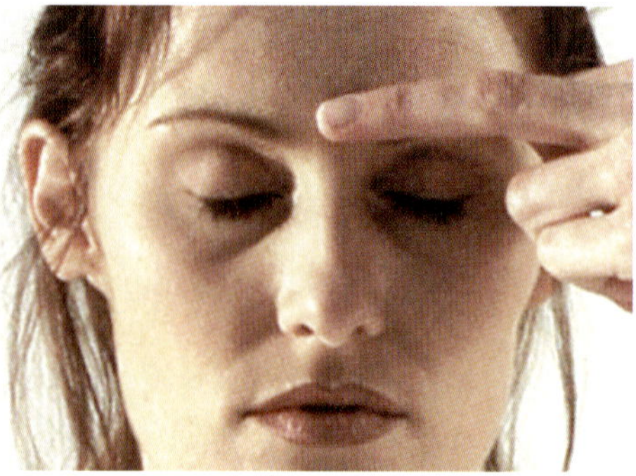

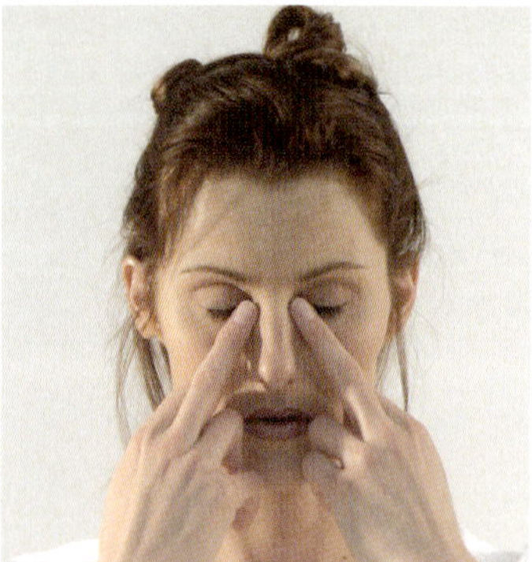

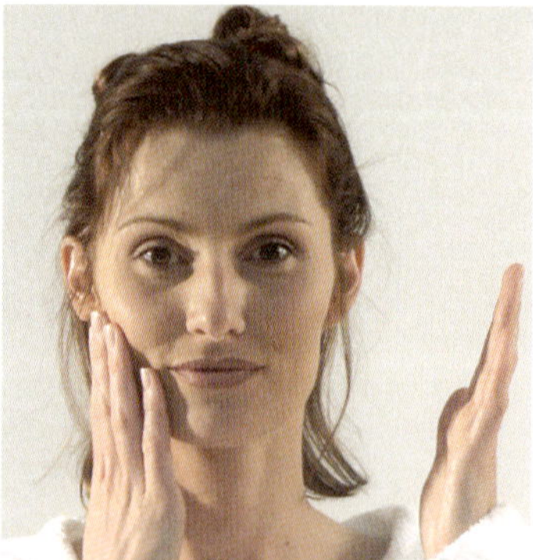

› Legen Sie die Fingerkuppe des rechten Mittelfingers in die Mitte der Stirn, oberhalb der Nasenwurzel. Drücken Sie sanft und lassen Sie nach drei Sekunden los.

› Um strahlende Augen zu erhalten, drücken Sie die Akupunkturpunkte der Augen. Drücken Sie mit der Kuppe des Mittelfingers auf den inneren und anschließend auf den äußeren Augenwinkel. Gehen Sie dabei sehr behutsam vor, halten Sie den Punkt drei Sekunden gedrückt und lassen langsam los.

› Klopfen Sie mit leichten Schlägen Ihr Gesicht ab. Gehen Sie dabei behutsam vor und beziehen Sie das gesamte Gesicht und den Hals bei dieser Klopfmassage mit ein. Um den Lymphfluss zu fördern, klopfen Sie, angefangen bei den Ohren, an der Seite des Halses entlang in Richtung Schlüsselbein. Die belebende Behandlung erfrischt und vertreibt Müdigkeit. Sie regt den Stoffwechsel der Haut an und hat eine verjüngende Wirkung.

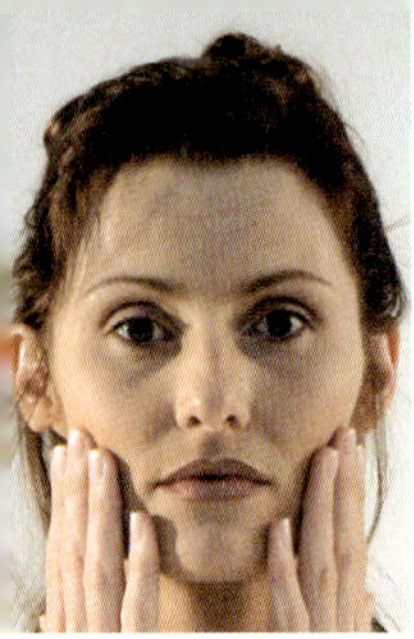
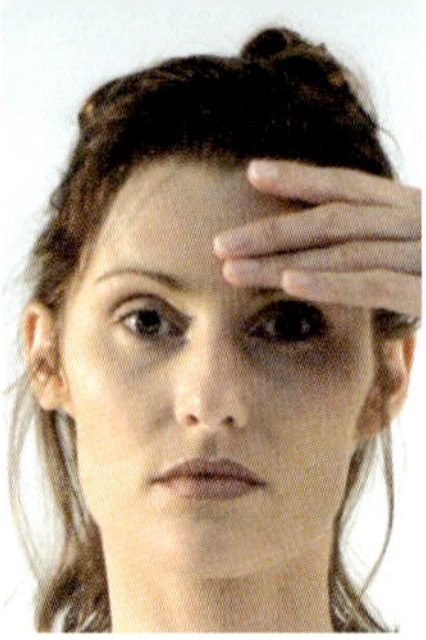

Gesichtsmassage mit einem nährenden Öl oder einer Pflegecreme

1. Legen Sie die Fingerkuppen beider Hände auf das Kinn und streichen Sie nach oben am Kieferknochen entlang in Richtung Ohren. Üben Sie sanften Druck aus und lassen Sie die Fingerkuppen etwas auseinander gleiten wie bei einem Fächer, um bei der Massage auch die Wangen zu erreichen. Wenn Sie über den Wangenknochen bei den Ohren angekommen sind, machen Sie einen kleinen Bogen und gleiten langsam wieder nach unten zum Kinn. Das Kinn umstreichen Sie auch in einem kleinen Bogen und beginnen wieder von vorne. Wiederholen Sie den Vorgang 10 x.

2. Beginnen Sie wieder mit den Fingerkuppen auf dem Kinn. Starten Sie mit einem kleinen Kreis im Uhrzeigersinn, am äußeren Mundwinkel und an den Nasenflügeln entlang zur Nasenwurzel hoch, gleiten Sie und auf demselben Weg wieder hinunter zum Kinn (10 x wiederholen).

3. Legen Sie die Fingerkuppen der rechten Hand waagerecht auf die Mitte der Stirn direkt oberhalb der Nasenwurzel. Lassen Sie jetzt die Finger sanft nach oben zum Haaransatz gleiten. Ist die rechte Hand

angekommen, legen Sie die Finger der linken Hand auf die Ausgangsposition und gleiten nach oben. Die Hände wechseln sich kontinuierlich ab, sodass keine Pausen entstehen. Wiederholen Sie diese Reibungsmassage ca. 10 x.

4. Legen Sie die Finger beider Hände, wie bei Punkt 3 beschrieben, auf die Mitte der Stirn. Die Hände gleiten mit demselben Prinzip des steten Wechsels jeweils nach rechts und links zur Seite. Anstatt nach oben zu reiben, streben die Hände bei dieser Massage nach außen.

5. Umkreisen Sie die Augen mit kleinen, sanften Klopfbewegungen. Die Massage 5 x rechtsherum und 5 x linksherum ausführen. Auf keinen Fall im Augenbereich reiben oder zerren, die Haut ist hier sehr empfindlich und zart.

6. Auch für den Mund ist diese kleine Klopfmassage ein wahrer Jungbrunnen. Legen Sie dazu die Kuppen der Mittel- und Zeigefinger unter die untere Lippe. Jetzt klopfen Sie beidseitig am äußeren Rand der Lippen entlang zum äußeren Mundwinkel, dann weiter nach oben zur Mundspitze. Setzen Sie ab und wiederholen Sie vom Ausgangspunkt aus ca. 10 x.

7. Auch der Hals braucht eine sanfte Massage. Setzen Sie die Fingerkuppen der rechten Hand auf die linke Halsseite oberhalb des Schlüsselbeins. Streichen Sie an der Halsseite hoch in Richtung Kinn. Die linke Hand macht genau das Gleiche auf der anderen Halsseite. Fahren Sie mit diesem Wechsel fort und zwar je Seite 10 x.

REZEPTE Badezusätze

Verjüngendes Meerwasserbad

Für ein Vollbad 500 g Meersalz aus dem Toten Meer

5 ml Algenöl

2 Esslöffel Fluidlecithin

Geben Sie das Salz, Algenöl und das Lecithin zu dem etwa 37° C warmen, einlaufenden Badewasser. Statt des Algenöls können Sie auch getrocknete Algen verwenden, die Sie in ein Säckchen füllen und ins Wasser hängen. Das Bad sollte nicht länger als 15-20 Minuten dauern. Danach in eine warme Wolldecke eingewickelt 20 Minuten ausruhen, da ein Salz- und Algenbad ein wenig kräftezehrend sein kann. Nach der Ruhepause die Haut mit nährenden Ölen oder Cremes verwöhnen. Das Bad regt den Stoffwechsel an, entschlackt und hat eine stark durchblutende Wirkung. Algen sind sehr jodreich und wirken verjüngend für die Haut. Es ist nicht ratsam, dieses Bad öfter als einmal wöchentlich zu genießen.

Revitalisierendes Rosenbad

1 Tasse Rosenblätter

4 Tropfen ätherisches Rosenöl

2 Tropfen ätherisches Lavendelöl

2 Esslöffel Wildrosenöl

2 Esslöffel Sahne

Die Zutaten vermischen und dem warmen Wasser zufügen.

Rosen und Lavendel enthalten reichlich heilkräftigende Wirkstoffe. Sie durchbluten die Haut auf sanfte Weise, ihre Dämpfe wirken beruhigend auf das zentrale Nervensystem. Nach einem anstrengenden Tag sollte man in dieses verlockende Bad eintauchen und sich von den Düften der Rose umstreicheln lassen, man wird sich wie neugeboren fühlen.

Französisches Honigmilchbad

1 Liter Milch
1 Tasse Honig
5 Tropfen ätherisches Melissenöl

Die Milch leicht erwärmen und den Honig darin auflösen, dann zusammen mit dem Melissenöl dem warmen Badewasser hinzufügen. Eintauchen und etwa 20 Minuten entspannen. Das Rezept stammt aus Frankreich und ist wahrlich ein Luxusbad. Dieses Milchbad mit den wertvollen Wirkstoffen des Honigs sorgt für eine wunderbar weiche und zarte Haut. Das Melissenöl hat eine beruhigende und ausgleichende Wirkung. Das Bad ist besonders gut für trockene Haut geeignet.

Erkältungsbad

2 Tropfen Pfefferminzöl
2 Tropfen Latschenkieferöl
1 Tropfen Thymianöl
1 Tropfen Eukalyptusöl
1 Esslöffel Emulgator oder Sahne

Verrühren Sie die Öle mit dem Emulgator und schütten Sie die Mischung in das heiße Wannenwasser. Dieses Bad wirkt Wunder bei einer beginnenden Erkältung. Die Öle haben eine sekretlösende und krampflösende Wirkung und befreien die Atemwege. 20 Minuten im Wasser entspannen und dann unbedingt ins Bett gehen, eine wohlige Wärme wird sich im ganzen Körper ausbreiten. Man kann statt Öl auch getrocknete Kräuter verwenden. Dazu füllt man wieder ein Säckchen mit den Kräutern und hängt es unter das einlaufende Badewasser. Oder man stellt einen Kräutersud her, lässt ihn zwei Stunden ziehen und fügt ihn dann dem Badewasser hinzu.

Orientalisches Bad mit ätherischen Duftölen

4 Tropfen ätherisches Orangenöl
2 Tropfen ätherisches Jasminöl
2 Tropfen ätherisches Sandelholzöl
2 Esslöffel Sesam- oder Mandelöl
1 Esslöffel Emulgator, (als Emulgator ist gut geeignet Twen 80, MulsifanCPA oder einfach süße Sahne)

Geben Sie die Öle sowie den Emulgator in ein kleines Marmeladenglas oder eine kleine Flasche und schütteln den Inhalt kräftig durch. Danach fügen Sie das betörend duftende Badeöl dem warmen Badewasser zu und tauchen für 20 Minuten ein. Die Temperatur des Wassers sollte um die 37-38° C betragen. Schließen Sie die Augen und genießen Sie die sinnlichen Düfte des Orients. Die ätherischen Öle der Orange und des Sandelholzes wirken belebend und verjüngend. Die Haut fühlt sich nach dem Bad samtigweich an und behält einen zarten Duft.

Erfrischendes Zitronenbadeöl

4 Tropfen ätherisches Zitronenöl oder
die Schale einer unbehandelten Zitrone
2 Tropfen ätherisches Pfefferminzöl oder
1 Tasse frische Pfefferminzblätter
2 Esslöffel Olivenöl
1 Esslöffel Emulgator oder
2 Esslöffel frische Sahne

Die Zutaten werden dem einlaufenden Badewasser zugefügt. Wenn Sie Zitronenschale und frische Pfefferminzblätter benutzen, können Sie diese in ein kleines Stoffsäckchen oder einen dünnen Strumpf füllen und in das Badewasser hineinhängen bzw. einfach schwimmen lassen. Dieses Bad wirkt herrlich erfrischend und belebend. Es vertreibt Kopfschmerzen sowie schlechte Laune und ist ein ideales Bad, wenn man abgespannt, verschwitzt und müde ist.

Schlafförderndes Kräuterbad

1/2 Tasse getrocknete Lavendelblüten
1/2 Tasse getrocknete Hopfenblüten
1/2 Tasse getrocknete Melisse

Die Kräuter in ein Stoffsäckchen füllen und in das heiße Badewasser hängen, oder einen Kräutersud bereiten. Dafür mischen Sie die Kräuter in eine Schüssel und übergießen das Ganze mit kochendem Wasser. Die Kräuter ca. eine Stunde bedeckt durchziehen lassen, den Sud durchsieben und dem heißen Badewasser zufügen.
Nach diesem beruhigenden und entspannenden Bad wird sich ein erholsamer und tiefer Schlaf einstellen. Auf ein Schlafmittel kann man getrost verzichten.

Wohltuendes Rheumabad

2 Tropfen ätherisches Wacholderbeeröl
2 Tropfen ätherisches Fichtennadelöl
3 Tropfen ätherisches Rosmarinöl
2 Esslöffel Johanniskrautöl
1 Esslöffel Emulgator wie Twen 80, Mulsifan oder Sahne

Vermischen Sie die Öle mit dem Emulgator und geben die Mischung in das warme Badewasser. Tauchen Sie 20 Minuten in das relaxende Bad ein. Danach ruhen Sie, in eine warme Decke gehüllt, aus und massieren anschließend den Körper mit pflegenden Ölen. Die Kräuter sind eine Wohltat bei Rücken- und Gelenkschmerzen, sie fördern die Durchblutung und entspannen die Muskulatur.

REZEPTE Körperpeelings

Sanftes Mandelpeeling –

für eine zarte und weiche Haut

1/2 Tasse gemahlene Mandeln
1 Esslöffel Honig
2 Esslöffel süßes Mandelöl
3 Tropfen ätherisches Lavendelöl
heißes Wasser

Verrühren Sie die Zutaten zu einer streichfähigen Paste und tragen Sie das Peeling auf die Haut auf. Befeuchten Sie Ihre Hände oder einen Waschlappen und reiben Sie die Paste in kreisenden Bewegungen von unten nach oben ab. Danach mit klarem Wasser gut abspülen.

Das Mandelpeeling entfernt auf sehr schonende Weise die Hautschüppchen und wirkt reinigend und klärend, ohne die Haut zu reizen. Das frisch duftende Lavendelöl hat eine beruhigende und ausgleichende Wirkung auf den gesamten Körper. Nach dieser Behandlung schimmert die Haut zartrosa und fühlt sich herrlich seidig an.

Revitalisierendes Peeling mit Rosmarin & Salbei

1 Tasse Meersalz

1/2 Tasse Macadamianussöl oder Aprikosenkernöl

jeweils 2 Tropfen ätherisches Rosmarin- und Salbeiöl

Das Meersalz mit dem Öl verrühren und das ätherische Öl hinzufügen. Etwas von der Mischung auf einen feuchten Waschlappen geben und die Paste von unten nach oben einreiben. Besonders raue Hautstellen wie Ellbogen und Fersen gut einmassieren. Nach dem Peeling mit viel Wasser abwaschen.

Dieses Peeling ist besonders für trockene, leicht schuppige Haut gut geeignet. Es fördert die Durchblutung, wirkt glättend und antiseptisch. Es ist sehr erfrischend und gut geeignet an heißen Tagen sowie bei schmerzenden, müden Muskeln und Verspannungen.

REZEPTE Pflege nach dem Bad

Rosenöl für normale bis trockene Haut

60 ml Jojobaöl

30 ml Wildrosenöl

20 Tropfen ätherisches Rosenholzöl

10 Tropfen ätherisches Lavendelöl

Die Öle in eine dunkle Flasche füllen und kräftig schütteln.
Jojobaöl ist eher ein Wachs als ein Öl. Sobald es kühl steht, bekommt es eine feste Konsistenz und wird bei Erwärmung sofort wieder flüssig. Es wird aus dem nussartigen Samen der Wüstenpflanze Jojoba gewonnen. Dieses kostbare Öl zieht schnell in die Haut ein und hinterlässt einen zarten Duft sowie eine samtweiche Haut. Jojobaöl ist reich an Vitamin E und gehört zu den wertvollsten Pflegeölen, man sagt sogar, dass es vor den UV-Strahlen der Sonne schützen soll. In Verbindung mit den milden Wirkstoffen der Rose und des Lavendels fördert es körperliche und geistige Ausgeglichenheit. Die Mischung ist ideal, um Falten zu glätten und Hautreizungen zu lindern. Die Haut wird sanft durchblutet, von Giftstoffen sowie Schlacken befreit und sehr geschmeidig.

Belebendes Massageöl für jede Haut

45 ml Sesamöl
45 ml Pfirsichkernöl
10 Tropfen ätherisches Orangenöl
6 Tropfen ätherisches Bergamotteöl
4 Tropfen ätherisches Melissenöl

Die Zutaten in eine dunkle Flasche füllen und darin aufbewahren. Das Sesam- und das Pfirsichkernöl ist reich an ungesättigten Fettsäuren und verliert daher bei Lichteinfluss an Stabilität, sie können leicht ranzig werden. Den Inhalt vor jedem Gebrauch kräftig schütteln. Sesamöl ist in Indien ein beliebtes Massageöl, das vor der Anwendung leicht erwärmt wird. Es dient auch zur Herstellung von Parfumölen aus Blüten. Das Öl hat viele hautpflegende Eigenschaften und eignet sich hervorragend als Körper- oder Badeöl. Sesamöl und auch das Pfirsichkernöl ist besonders hautverträglich und arbeitet in Verbindung mit dem Orangen-, Melissen- und Bergamotteöl der Faltenbildung entgegen. Sie sind reich an sanft wirkenden Stoffen, die müder und schlaffer Haut Festigkeit verleihen. Die heilenden Substanzen von Melisse, Bergamotte und Orange helfen bei Erschöpfung und Depressionen. Sie verhelfen zu körperlicher und geistiger Entspannung und machen gute Laune. Verwenden Sie dieses Öl nicht vor einem Sonnenbad, denn Bergamotte macht die Haut lichtempfindlich und kann somit Sonnenbrand fördern.

Kräftigendes und schmerzlinderndes Massageöl

50 ml Macadamianussöl
40 ml Johanniskrautöl
10 Tropfen ätherisches Rosmarinöl
5 Tropfen ätherisches Eukalyptusöl
5 Tropfen ätherisches Pfefferminzöl
5 Tropfen ätherisches Lemongrasöl
5 Tropfen ätherisches Wacholderbeerenöl

Die Zutaten miteinander verrühren und in eine Flasche füllen. Schmerzende und verspannte Muskeln werden mithilfe dieses durchblutungsfördernden Öls gelockert. Es wirkt auch entspannend und schmerzlindernd bei rheumatischen Beschwerden. Das Macadamianussöl und vor allem das Johanniskrautöl hat wertvolle hautpflegende Substanzen und kräftigt das Hautgewebe.

Massageöl bei Cellulitis

60 ml Weizenkeimöl
30 ml Johanniskrautöl
5 ml Algenöl
10 Tropfen ätherisches Lavendelöl
10 Tropfen ätherisches Zitronenöl
5 Tropfen ätherisches Lorbeeröl
5 Tropfen ätherisches Oreganoöl
einige Tropfen natürliches Vitamin E

Die Basisöle mit den ätherischen Ölen vermischen und in eine Flasche geben. Die betroffenen Körperpartien täglich mit dem Öl einreiben und mit einer Bürste, dem Luffaschwamm oder einer Noppenrolle mindestens fünf Minuten lang massieren.
Die Wirkstoffe des gewebestimulierenden Massageöls entschlacken und entgiften das Hautgewebe. Die Haut gewinnt an Spannkraft und wird wieder straff und fest.

Rosenkörperlotion

Fettphase:	20 g Lamecreme
	10 ml Fluidlecithin
	10 g Sheabutter
	40 ml Jojobaöl
	20 ml Wildrosenöl
Wasserphase:	auf 50 g Fettphase kommen 150 ml Rosenwasser
Zusatzstoffe:	3 Tropfen ätherisches Rosenöl
	2 Tropfen ätherisches Verbenaöl

Die ersten drei Substanzen in ein feuerfestes Glas geben und auf der Herdplatte bis ca. 60-70° C erhitzen. Wenn Sie mit Marmeladengläsern arbeiten, müssen diese im Wasserbad erhitzt werden. Sind die festen Substanzen flüssig geworden, geben Sie die Öle hinzu.

Gleichzeitig wird die Wasserphase ebenfalls in einem hitzebeständigen Glas auf 60-70°C erhitzt. Wenn die Wasser- und die Fettphase die gleiche Temperatur erreicht haben, nehmen Sie beide von der Herdplatte bzw. aus dem Wasserbad. Wie bei der Herstellung einer Majonäse wird unter ständigem Rühren und zunächst tropfenweise das Rosenwasser in die Fettphase gegeben.

Beginnt die Mischung, sich zu binden, können Sie das Wasser etwas schneller hinzugeben, aber hören Sie nicht auf zu rühren. Man kann auch einen elektrischen Rührstab verwenden, dann geht das Ganze ein wenig schneller. Außerdem wird die Arbeit beschleunigt, indem Sie das Glas mit der bereits gebundenen Mischung in einen Topf mit kaltem Wasser stellen, beim Erkalten wird die Konsistenz langsam fester.
Zum Schluss rühren Sie die ätherischen Öle in die Lotion. Sollte die Milch flockig geworden sein, so erhitzen Sie das Ganze noch einmal und rühren wie ein Weltmeister, dann müsste es klappen.

Sie erhalten eine Bodylotion der absoluten Luxusklasse. Eine herrlich duftende, leichte Milch, die Ihre Haut optimal pflegt und samtigweich macht. Diese Milch ist durch die pflegenden Wirkstoffe Sheabutter, Lecithin und die wertvollen Öle besonders gut für trockene Haut geeignet. Der Emulgator Lamecreme ist ursprünglich als Speiseemulgator entwickelt worden und eignet sich hervorragend zur Herstellung von Pflegeprodukten, er gibt den Emulsionen eine schöne cremige Konsistenz. Sie können selbstverständlich auch andere Konsistenzgeber wie Kakaobutter oder Tegomuls verwenden. Haben Sie einmal Ihre Körperlotion selbst hergestellt, werden Sie von der Qualität begeistert sein und in Zukunft sicherlich nicht mehr darauf verzichten wollen.

REZEPTE Gesichtsreinigung

Belebendes Reinigungsöl für jede Haut

60 ml Aprikosenkernöl

20 ml Mandelöl

1 Kaffeelöffel Twen 80

3 Tropfen ätherisches Zitronenöl

Alle Zutaten in eine Flasche füllen und kräftig schütteln.
Dieses Reinigungsöl ist für jeden Hauttyp geeignet, es eignet sich besonders gut zur Entfernung von Make-up und öl- sowie wasserlöslichen Schmutzpartikeln. Das Öl sanft in die Haut einmassieren, mit einem Papiertuch abnehmen und mit viel warmem Wasser abspülen.

Beruhigende Reinigungsmilch

50 ml Traubenkernöl

30 ml Calendulaöl

15 ml Fluidlecithin B

Die drei Substanzen gut vermischen und in eine dunkle Flasche füllen.
Die Milch auf dem Gesicht verteilen, einmassieren und mit reichlich warmem Wasser abspülen. Die hautpflegenden und heilenden Eigenschaften der Calendula bzw. der Ringelblume haben eine beruhigende und reizlindernde Wirkung auf die Haut. Diese Reinigungsmilch wird besonders von der empfindlichen Haut gut vertragen und fördert ihre Gesunderhaltung.

Reinigungsgel bei unreiner und fetter Haut

70 ml destilliertes Wasser

10 ml Hamameliswasser

1 Teelöffel Gelbildner PNC 430

1 Esslöffel Aloe vera-Gel

1 Esslöffel Calendula-Pflanzenextrakt

5 Tropfen ätherisches Teebaumöl

Lösen Sie den Gelbildner im Wasser auf, geben Sie das Hamameliswasser hinzu und fügen Sie der Mischung unter Rühren die restlichen Zutaten bei. Dieses Reinigungsgel hat eine desinfizierende Wirkung, es beruhigt die Haut und fördert ihre Abheilung.

REZEPTE Gesichtsdampfbäder

Gesichtssauna mit Rosenblüten und Lavendel

1 1/2 Liter kochendes Wasser
2 Tassen Rosenblätter (ungespritzt!)
1 kleine Hand voll Lavendelblüten

Geben Sie Rosenblätter und Lavendel in eine große Schüssel und übergießen Sie diese mit dem kochenden Wasser. Zehn Minuten zugedeckt ziehen lassen. Danach bedecken Sie Ihren Kopf mit einem Handtuch und genießen Sie für ca. zehn Minuten den Dampf der Blüten. Anschließend das Gesicht vorsichtig abtrocknen und eincremen oder ein Peeling anwenden.
Dieses Dampfbad wird von jedem Hauttyp gut vertragen, es verfeinert das Hautbild, wirkt leicht durchblutend, glättet und beruhigt die Haut.

Rosmarin-Pfefferminz-Gesichtsdampfbad

2 Liter kochendes Wasser
1 Hand voll frischer oder getrockneter Rosmarin
1 Hand voll frische oder getrocknete Pfefferminze

Die durchblutungsfördernde Wirkung von Rosmarin und Pfefferminze belebt müde und abgespannte Haut. Nebenbei lindert es Kopfschmerzen und reinigt die Nasennebenhöhlen.

Kamillen-Melisse-Gesichtsdampfbad

2 Liter kochendes Wasser
1 Hand voll getrocknete Kamillenblüten
1 Hand voll getrocknete Melissenblätter

Die Kamille ist ein wertvolles Schönheitsmittel, sie ist reich an vielen hautpflegenden Wirkstoffen und ist für jede Haut hervorragend geeignet.
Die Melisse verströmt einen herrlichen Duft, wirkt erfrischend und wohltuend bei Müdigkeit und Abgeschlagenheit. Dieses Dampfbad wirkt reinigend, klärend, beruhigend und entzündungshemmend.

REZEPTE Gesichtspeeling

Sanftes Peeling mit Honig

1 Tasse Hafermehl
2 Esslöffel Honig
2 Esslöffel Joghurt
1 Teelöffel Weizenkeimöl

Die Zutaten zu einer geschmeidigen Paste verrühren, auf Gesicht und Hals verteilen und zehn Minuten einwirken lassen. Anschließend sanft in kleinen, kreisenden Bewegungen mit einem weichen Waschlappen oder Gesichtsschwamm abmassieren. Zum Schluss mit viel kühlem Wasser nachspülen. Dieses Peeling ist auch für die trockene, empfindliche Haut gut geeignet. Es löst die abgestorbenen Hautzellen ab und sorgt für eine klare, reine Haut, ohne zu reizen.

Peeling mit Salz aus dem Toten Meer

1 Tasse Totes Meer Salz
1/2 Tasse Sonnenblumenöl

Das Salz mit dem Öl (Sie können jedes Pflanzenöl verwenden) zu einer Paste verrühren, auf die gereinigte Haut verteilen und mit einem Schwämmchen oder den Fingerkuppen ca. eine Minute lang sanft einreiben. Mit reichlich lauwarmem Wasser abwaschen und eine feuchtigkeitsreiche Pflegecreme auftragen.

Mandelpeeling

3 Esslöffel fein gemahlene Mandeln

1 Eigelb

1 Esslöffel Honig

1 Esslöffel Milch

1 Esslöffel Mandelöl

Die gut verrührte Paste auf Gesicht, Hals und Dekolletee auftragen und 20 Minuten einwirken lassen. Anschließend ein Gesichtsschwämmchen in warmes Wasser eintauchen und die Maske sanft massierend abreiben.
Ein sehr schonendes Peeling, das die Haut weder reizt noch strapaziert. Es entfernt abgestorbene Hautschüppchen und wirkt klärend und erfrischend.

  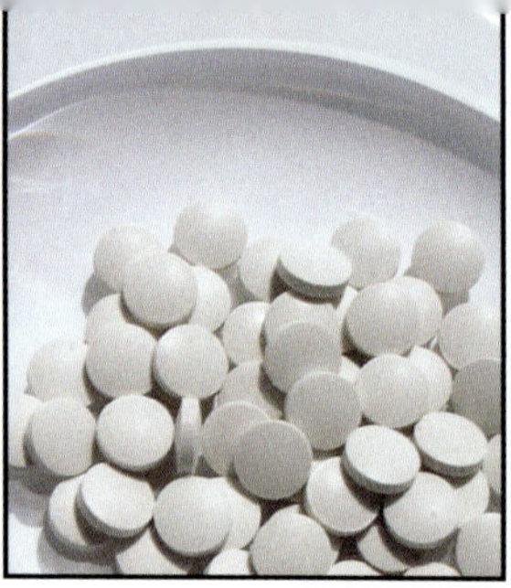

REZEPTE Gesichtsmasken

Gesichtsmaske mit Schlamm aus dem Toten Meer

30 g Schlamm

1 Esslöffel Weizenkeimöl

1 Esslöffel Aloe vera-Gel

Das Öl sowie das Aloe vera in den Schlamm verrühren. Die Packung auf Gesicht und Hals auftragen, die Augen großzügig aussparen. 10-15 Minuten einwirken lassen, dann gründlich abspülen und mit einer Pflegecreme nachbehandeln. Diese Maske wird zur Belebung und Regeneration der Haut verwendet. Sie strafft und entgiftet das Hautgewebe und ist sehr wirksam bei unreiner und fetter Haut.

Quarkmaske mit Sahne und Honig

3 Esslöffel Quark

1 Teelöffel Sahne

1 Teelöffel Bienenhonig

Die Zutaten zu einer Paste verrühren, auf Gesicht, Hals und Dekolletee verteilen und 20 Minuten einwirken lassen. Die Quarkmaske ist ein Star unter den Masken. Sie zaubert eine rosig schimmernde, zarte Haut, lindert Hautreizungen, beseitigt Hautunreinheiten und lässt das Gesicht wieder frisch und regeneriert aussehen. Für jeden Hauttyp anzuwenden.

Algenmaske

1 Eigelb

1 Teelöffel Honig

1-2 Teelöffel Sesamöl

1 Algentablette oder 1 Esslöffel pulverisierte Algen

2 Tropfen Zitronensaft

Die Algentablette zerdrücken und mit Eigelb, Öl und Zitronensaft zu einer Paste vermischen. Mit einem Pinsel oder Spatel die Maske auftragen und 20 Minuten einwirken lassen. Mit viel Wasser abnehmen und die Haut mit Gesichtswasser klären.

Die Algenmaske regt die Durchblutung an, wirkt straffend und glättend. Die an Wirkstoffen reichen Algen sind mit ihren vielen Mineralien sehr gut für die reife Haut geeignet.

Heilerdemaske für unreine Haut

3 Esslöffel Heilerde

3 Esslöffel Wasser

2 Esslöffel Sesamöl

1 Tropfen Teebaumöl

Die Heilerde mit dem Wasser zu einer geschmeidigen Paste verrühren. Anschließend die Öle unterrühren. Mit einem Kosmetikspatel oder Pinsel auf Gesicht, Hals und Dekolletee auftragen. Nach 10-15 Minuten Einwirkungszeit mit lauwarmem Wasser gründlich abspülen. Mit kaltem Wasser abschließen, die

Haut mit Gesichtswasser klären und sorgfältig eincremen.
Die Maske verengt die Poren, wirkt straffend und heilend bei unreiner Haut. Sie verleiht ein zartes und feinporiges Hautbild.
Seit Hunderten von Jahren wird in Asien Heilerde zur Schönheitspflege eingesetzt. Aber auch in Europa hat sie eine lange Tradition: Frauen schwören auf die verjüngende und beruhigende Wirkung der Heilerde.

Straffende Ölpackung für den Hals

10 ml Weizenkeimöl
1 El Algenöl
1 El Johanniskrautöl

Die Öle kalt vermischen und in ein kleines Fläschchen füllen, die Menge reicht für ca. zwei Anwendungen. Auf Dekolletee und Hals auftragen und sanft in die Haut einmassieren, bis die Haut das Öl vollständig aufgenommen hat. Sie können die Packung auch großzügiger auftragen, mit Zellstoff oder Watte abdecken und mit einer Plastikfolie umwickeln. Zum Schluss ein Handtuch darüber geben. Nach 20 Minuten Einwirkzeit mit einem Papiertuch abnehmen.
Der Hals und das Dekolletee verfügt über ganz besonders dünne und sensible Haut, oft werden diese Bereiche bei der Pflege vergessen oder vernachlässigt. Mindestens zweimal in der Woche sollte man die empfindlichen Hautpartien mit einer Spezialpflege verwöhnen. Die Ölpackung ist speziell bei Halsfalten wirkungsvoll, sie wirkt feuchtigkeitsspendend, glättend und straffend.

REZEPTE Gesichtswasser

Blütentonikum

30 ml Rosenwasser
30 ml Orangenblütenwasser
30 ml Hamameliswasser
10 ml Aloe vera-Gel

Die Substanzen miteinander vermischen, in eine Flasche füllen und kräftig schütteln. Nach jeder Reinigung die Haut mit dem Wasser klären, am besten nehmen Sie dazu einen Wattebausch. Das Tonikum ist besonders für trockene und empfindliche Haut geeignet. Es verströmt einen zarten, blumigen Duft und ist herrlich erfrischend.

Orangen-Honig-Tonikum

90 ml Orangenblütenwasser
10 ml Obstessig
1 Teelöffel Bienenhonig
3 Tropfen Orangenöl

Das Orangenblütenwasser leicht erwärmen und den Honig darin auflösen. Den Obstessig und das Orangenöl hinzufügen. Die Mischung in eine Flasche füllen und vor Gebrauch schütteln. Ein belebendes Gesichtswasser, das nach der Reinigung die Poren schließt und auf die Haut stimulierend wirkt.

Siebenkräuterwasser

1 Hand voll Pfefferminz
1 Hand voll Kamille
1 Hand voll Melisse
1 Hand voll Zinnkraut
1 Hand voll Rosmarin
1 Hand voll Huflattich
20 ml Alkohol 70%
2 Tropfen Teebaumöl
100 ml destilliertes Wasser

Die Kräuter in ein Gefäß füllen, mit dem Alkohol und dem destillierten Wasser übergießen und gut vermischen. Das Gefäß verschlossen oder abgedeckt für zwei Tage stehen lassen, anschließend durch einen Kaffeefilter oder ein sauberes Leinentuch filtern. Zum Schluss das Teebaumöl hinzufügen. Das Kräutertonikum ist besonders gut für unreine und fette Haut geeignet, es regt den Stoffwechsel der Haut an und verfeinert die Poren.

REZEPTE Gesichtscremes

Orangenblütencreme

Fettphase:	2,5 g Bienenwachs
	2,5 g Kakaobutter
	10 g Fluidlecithin CM
	3 g Cetylalkohol
	25 ml Sesamöl
Wasserphase:	30 ml Orangenblütenwasser
Zusatzstoffe:	2 Esslöffel Aloe vera-Gel
	10 Tropfen (2 Kapseln) Vitamin E
	3 Tropfen Orangenöl

Vorgehensweise wie auf Seite 82 beschrieben. Die Bestandteile der Fettphase in einem hitzebeständigen Glas auf 60-70° C erhitzen und auflösen. Entweder im Wasserbad oder, wenn möglich, auf der Herdplatte. Gleichzeitig das Orangenblütenwasser ebenfalls bis 60-70° C erhitzen. Beide Phasen von der Hitze nehmen und zunächst tropfenweise das Wasser unter ständigem Rühren zur Fettphase geben. Sobald sich Fett- und Wasserphase verbunden haben und die Masse cremig wird, das Aloe vera-Gel hinzugeben. Solange rühren, bis die Mischung erkaltet und fest wird. Zum Schluss das ätherische Orangenöl und das Vitamin E unterrühren. Die Creme im Kühlschrank aufbewahren. Eine leichte, herrlich duftende Gesichtssahne, die insbesondere die trockene Haut weich und geschmeidig macht. Die Creme versorgt die Haut mit viel Feuchtigkeit.

Rosencreme

Fettphase:	2,5 g Sheabutter
	2,5 g Bienenwachs
	20 ml Wildrosenöl
	10 g Fluidlecithin CM
	3 g Cetylalkohol
Wasserphase:	50 ml Rosenwasser
Zusatzstoffe:	3 Tropfen Zitronensaft
	3 Tropfen Rosenöl
	1 Teelöffel Vitamin E (2 Kapseln)

Die Zutaten wie oben verarbeiten. Die Zusatzstoffe abschließend in die Creme einrühren. Die Rosencreme pflegt und glättet die Haut, sie zieht schnell in die Haut ein. Diese herrliche Creme ist für jede Haut geeignet.

Melissencreme

Fettphase:	2,5 g Bienenwachs
	2,5 g Kakaobutter
	15 g Lanolin
	40 ml Jojobaöl
Wasserphase:	30 ml Hamameliswasser
Zusatzstoffe:	10 ml Echinacea (Presssaft)
	3 Tropfen Melissenöl

Die Verarbeitung erfolgt wie in den vorhergehenden Rezepturen.

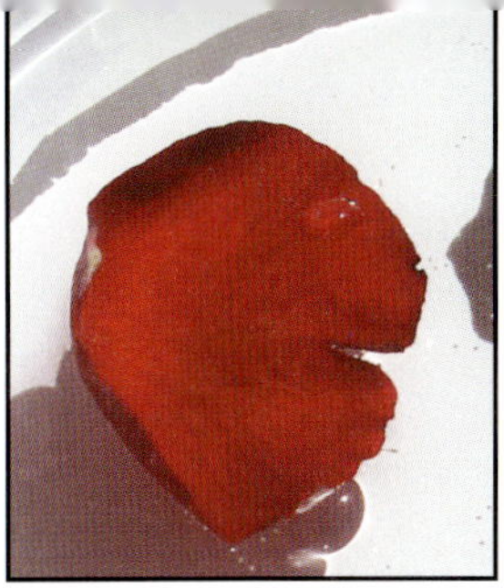

Die Melissencreme ist eine wunderbare Pflege für müde Haut. Das Echinacea fördert die Regeneration der Haut und stärkt den Säureschutzmantel. Das Melissenöl wirkt beruhigend und entspannend.

Thymiancreme für unreine und fette Haut

Fettphase:	7 g Bienenwachs
	3 g Cetylalkohol
	10 g Lanolin
	20 g Mandelöl
	20 g Calendulaöl
Wasserphase:	30 ml Hamameliswasser
	10 ml Thymiantee
Zusatzstoffe:	10 Tropfen Vitamin E (2 Kapseln)
	3 Tropfen ätherisches Thymianöl

Die Herstellung der Creme erfolgt, wie auf Seite 82 beschrieben. Die sahnige Creme hat durch den Thymian eine antiseptische Wirkung. Die Hautstruktur wird verfeinert und gut durchblutet. Das Calendulaöl wirkt beruhigend und heilend. Eine wohltuende Pflege bei unreiner und fetter Haut.

Huile Santale

Gesichtsöl für empfindliche Haut

30 ml Jojobaöl
15 ml Weizenkeimöl
5 Tropfen Sandelholzöl/ätherisch
3 Tropfen Orangenöl/ätherisch
2 Tropfen Lavendelöl/ätherisch
1 Tropfen Rosenholzöl/ätherisch

Die Öle miteinander vermischen, in eine kleine Glasflasche füllen und gut durchschütteln. Nach der Reinigung sparsam auf Gesicht und Hals auftragen und sanft in die Haut einmassieren. Ein kostbares Gesichtsöl, das der Haut einen betörenden Duft und neue Elastizität verleiht, es ist äußerst wirksam gegen Faltenbildung. Weizenkeim- und Jojobaöl verwöhnt die Haut mit wertvollen, hautpflegenden Substanzen.

REZEPTE Pflege für Hände und Nägel

Honigbutter für Hände und Füße

Fettphase:	5 g Bienenwachs
	5 g Kakaobutter
	5 g Sheabutter
	5 g Cetylalkohol
	20 ml Sesamöl
	20 ml Kokosnussöl
Wasserphase:	40 ml destilliertes Wasser

Zusatzstoffe: 1 Esslöffel Bienenhonig
5 Tropfen ätherisches Vanilleöl

Die Herstellung der Handcreme erfolgt wie bei den Gesichtscremes. Zunächst die Fettkomponenten schmelzen und auf 60-70° C erhitzen. Gleichzeitig das Wasser auf die gleiche Temperatur bringen, dann beide Phasen langsam, wie bei einer Majonäse, verrühren. In die noch warme Mischung den Honig unterrühren, bis er sich vollständig aufgelöst hat. Zum Schluss das Vanilleöl oder eine andere Duftkomponente hinzugeben. Sollte die Butter zu fest werden, fügen sie etwas Aloe vera-Gel hinzu, das gibt der Creme eine weitere Pflegekomponente und verleiht ihr Geschmeidigkeit.
Die Honigbutter macht speziell raue und stark beanspruchte Hautstellen wieder weich und glatt. Sie verwöhnt Hände und Füße mit hautpflegenden Substanzen und verströmt einen zarten Duft.

Pflegendes Nagelöl

10 ml Mandelöl
10 ml Avocadoöl
1 Teelöffel Vitamin E

Die Öle vermischen und vor Gebrauch leicht erwärmen. Die Finger in das Ölbad eintauchen und zehn Minuten einwirken lassen. Das überschüssige Öl in die Nägel und die Nagelhaut einmassieren. Bei regelmäßiger Anwendung erholen sich rissige und brüchige Nägel zusehends. Das Öl steigert die Widerstandsfähigkeit der Nägel und macht die Nagelhaut zart und geschmeidig.

Wissenswertes zur Kosmetikherstellung

Es ist erstaunlich leicht, eine wunderbare Gesichtscreme herzustellen, von der man wirklich begeistert sein kann und die relativ preisgünstig ist. Alle folgenden Rezepte können Sie selbstverständlich variieren und nach Ihren individuellen Bedürfnissen herstellen. Um Ihr persönliches, kleines Kosmetiklabor zu betreiben, brauchen Sie folgende Utensilien:

1. Zwei feuerfeste Gläser 100 ml und 250 ml, Sie können auch mit Marmeladengläsern arbeiten, brauchen dann aber zusätzlich einen flachen Kochtopf für das Wasserbad. Marmeladengläser nur im Wasserbad erhitzen, die feuerfesten Gläser direkt auf der Herdplatte.
2. Einen Rührstab aus Glas, eventuell einen Handmixer.
3. Tee- und Esslöffel oder Messlöffel.
4. Einen Spatel.
5. Ein Thermometer bis 100° C.
6. Trichter und Kaffeefiltertüten.
7. Verschiedene kleine, dunkle Flaschen und leere Cremetiegel.
8. Eventuell eine Briefwaage.

Zur Herstellung von Cremes und Lotionen benötigt man zwei Phasen, eine Fett- und eine Wasserphase. Die Fettphase setzt sich zusammen

aus Ölen und Emulgatoren wie Bienenwachs oder Lanolin. Destilliertes Wasser oder Rosen- bzw. Orangenblütenwasser wird für die Wasserphase verwendet. Die beiden Phasen müssen miteinander gebunden werden, um eine geschmeidige Creme zu ergeben. Dazu müssen die Fett- und die Wasserkomponenten auf die gleiche Temperatur von 60-70° C erhitzt werden.

Haben sie die Temperatur erreicht, nimmt man sie vom Herd und beginnt, tropfenweise die Wasserphase unter die Fettphase zu rühren. Wenn aus der Mischung eine milchige Emulsion geworden ist, kann die Wasserphase schneller eingearbeitet werden. Wichtig ist, dass man nicht aufhört zu rühren, bis die Creme erkaltet und fest wird. Zum Schluss rührt man die Zusatzstoffe unter.

Die wichtigsten Rohstoffe

Maßangaben

Öle	1 Esslöffel	= 8 ml
Fluidlecithin CM/BE	1 gestrichener Teelöffel	= 4 g
Bienenwachs	1 gestrichener Teelöffel	= 4 g
Kakaobutter	1 gestrichener Teelöffel	= 2,5 g

Lanolinanhydrid	1 gestrichener Teelöffel	= 5 g
	1 gehäufter Esslöffel	= 10 g
Sheabutter	1 Teelöffel	= 4 g
Tween 80	1 Esslöffel	= 6 g
Lamecreme	1 Teelöffel	= 2 g
Blütenwasser	1 Esslöffel	= 8 ml
Aloe vera-Gel	1 Esslöffel	= 8 ml

Avocadoöl

Avocadoöl ist reich an Linolsäure und den Vitaminen A, B, D und E. Es eignet sich ideal für die Körperpflege, denn es verleiht der Haut Geschmeidigkeit, beruhigt und glättet insbesondere die trockene, sensible Haut.

Algenöl

Algenöl ist ein Auszug der Braunalge, aufbereitet in einem fetten Öl. Die Wirkstoffe der Algen haben einen äußerst positiven Effekt für die Haut, sie fördern die Durchblutung und die Zellbildung im Hautgewebe. Besonders in Pflegeprodukten für die reife Haut und für den Einsatz gegen Cellulitis haben sich Algen erfolgreich bewährt.

Algentablette

Die Algentablette mit den Wirkstoffen der Spirulina, zahlreichen Vitaminen und Mineralien ist ein hervorragender Zusatzstoff in der Hautpflege.

Aloe vera-Gel

Das Gel wird aus den reifen Aloe vera-Blättern gewonnen. Seit Tausenden von Jahren wird es zur Heilung und Regeneration der Haut eingesetzt. Bei irritierter Haut, wie zum Beispiel beim Sonnenbrand, kann man Aloe vera pur auftragen.

Bienenwachs

Bienenwachs ist ein Stoffwechselprodukt der Bienen und wird als Konsistenzgeber mit hautpflegenden Wirkstoffen in Pflegeprodukte eingearbeitet. Es gibt besonders trockener Haut einen natürlichen Schutz.

Bienenhonig

Die organischen Säuren und Enzyme machen den Honig zu einem wertvollen Hautpflegeprodukt.

Calendulaöl

Die heilenden Eigenschaften der Calendula oder Ringelblume sind seit vielen Jahrhunderten bekannt. Sie beruhigt empfindliche und gereizte Haut, heilt verletzte, aufgesprungene und rissige Hautstellen.

Cetylalkohol

Es wird als Emulgator und Konsistenzgeber in Pflegeprodukten verwendet. Die Creme wird dadurch fest und geschmeidig.

Echinacea (Sonnenhut)

Die aus Nordamerika stammende Pflanze ist bekannt für ihre immunsystemstärkende Wirkung. Sie ist auch in der Kosmetik ein wertvoller Partner, da sie den Säureschutzmantel der Haut aufbaut, hautberuhigend und heilend wirkt.

Fluidlecithin CM
Das pflanzliche Lecithin wird als Emulgator eingesetzt, auch bei kalt gerührten Cremes. Die rückfettenden und hautpflegenden Eigenschaften sind für die Haut sehr wertvoll.

Hamameliswasser
Das aus der Hamamelis gewonnene Wasserdampfdestillat hat eine antiseptische und hautstraffende Wirkung. Es fördert die Wundheilung.

Heilerde
Das Spektrum an heilenden Wirkungen der Heilerde ist sehr groß. Reich an Mineralien und Spurenelementen wie Zink, Kupfer, Selen und Kieselsäure, ist sie besonders bei entzündeter und fetter Haut einzusetzen.

Johanniskrautöl
Das Öl fördert die Wundheilung, die Durchblutung und ist entzündungshemmend. Sehr gut einzusetzen bei trockener, rauer und irritierter Haut.

Jojobaöl
Das aus Kalifornien und Mexiko stammende Öl eignet sich besonders gut zur Herstellung von Cremes und Lotionen, da es über eine gute Stabilität verfügt und viele hautpflegende Eigenschaften besitzt.

Kakaobutter
Das pflanzliche Fett wird als Konsistenzgeber eingesetzt. Es ist reich an hautpflegenden Substanzen und sorgt für eine zarte, weiche Haut.

Kokosöl
Dieses Öl ist besonders für die pflegebedürftige, raue Haut geeignet.

Lamecreme
Ein sehr gut zu verarbeitender Emulgator, der für jede Haut geeignet ist.

Lanolin
Lanolin dient als Grundlage für Cremes und Lotionen, es wird aus dem gereinigten Fett der Schafwolle gewonnen und verfügt über zahlreiche hautpflegende Eigenschaften.

Mandelöl
Das aus dem Samen des Mandelbaums gewonnene Öl ist ein kostbarer Bestandteil der Hautpflegeprodukte. Das wertvolle Öl zeichnet sich durch besondere Hautverträglichkeit aus.

Orangenblütenwasser
Durch Wasserdampfdestillation der Orangenblüte gewonnen, wird es als Wasserphase oder Gesichtstonikum eingesetzt. Es pflegt und entspannt die Haut.

Rosenwasser
Das Rosenwasser enthält die wasserlöslichen Stoffe der Rose und wird

durch Wasserdampfdestillation gewonnen. Es kann als Wasserphase bzw. als Teil der Wasserphase benutzt werden. Es ist aber auch ein herrliches Gesichtstonikum, das den Säureschutzmantel der Haut schützt.

Sesamöl

Sesam wird seit Tausenden von Jahren in Indien und China kultiviert. Das Sesamöl wird in Indien vorwiegend zur Herstellung von Parfumölen und in der Körperpflege eingesetzt. Aber auch in der Küche ist das Öl sehr beliebt. Die wertvollen pflegenden Wirkstoffe des Sesamöls nähren und glätten die Haut, fördern die Durchblutung und die Zellteilung.

Sheabutter

Die Butter wird aus der Sheanuss gewonnen, sie wird als Konsistenzgeber in Cremes und Lotionen verarbeitet. Sie besitzt wertvolle, hautpflegende Eigenschaften und verleiht eine glatte, samtweiche Haut.

Vitamin E

Vitamin E gehört zu den bekanntesten hautpflegenden Vitaminen. Es fördert die Regeneration der Haut besonders nach Sonnenschäden, bekämpft freie Radikale, heilt Narben und wirkt entzündungshemmend. Vitamin E fördert das Feuchthaltevermögen der Haut, dadurch wird die Faltentiefe gemildert und man erhält ein glattes, elastisches Hautbild.

Wildrosenöl oder Hagebuttenkernöl

Das kostbare Öl ist reich an den ungesättigten Fettsäuren Linol- und Linolensäure. Es ist besonders gut geeignet für die empfindliche Haut.

Ätherische Öle

Lavendelöl

Die Einsatzmöglichkeiten des Lavendels sind äußerst zahlreich. Neben dem berühmten Duft, der nicht nur die Migräne, sondern auch die Insekten vertreibt, wirkt er krampflösend und beruhigend. Lavendel hat eine außerordentlich gute antiseptische Wirkung und soll sogar bei Rheuma helfen. In Cremes verarbeitet, fördert das Öl Durchblutung der Haut, gleichzeitig wirkt es wundheilend und beruhigend.

Lemongrasöl

Das Lemongrasöl wird aus der Grasart Cymbopogon citratus gewonnen und kommt aus Mittel- und Südamerika. Es verbreitet einen herrlichen Duft und hat eine erfrischende Wirkung.

Melissenöl

Das Öl wird aus den Blättern der Melisse gewonnen. Melisse wirkt beruhigend und krampflösend.

Orangenöl

Das Öl der Orangen hat eine entspannende Wirkung und sehr gute hautpflegende Eigenschaften.

Pfefferminzöl

Der Hauptbestandteil der Pfefferminze ist Menthol. Es hat eine kühlende, antiseptische Wirkung und kann zur Muskelentspannung, aber auch bei Erkältungen und Katarrhen der oberen Luftwege eingesetzt werden.

Rosenöl

Das Rosenöl verfügt neben seinem betörenden Duft über viele wertvolle hautpflegende Eigenschaften.

Rosmarinöl

Rosmarin fördert die Durchblutung der Haut, entspannt die Muskulatur und wirkt antiseptisch. Bei rheumatischen Beschwerden ist es sehr zu empfehlen. Allgemein wirkt es erfrischend und anregend.

Sandelholzöl

Das aus dem Sandelholzbaum gewonnene Öl hat einen intensiven, herben Geruch und wird in vielen Parfums verarbeitet. Es hat diverse hautpflegende Eigenschaften, wirkt lindernd bei irritierter Haut und antiseptisch.

HEALTHFOOD

Essen Sie sich gesund und schön!

Was uns Menschen auf diesem Planeten miteinander verbindet, ist die Tatsache, dass wir alle Nahrung aufnehmen müssen, um zu leben. Was uns unterscheidet, ist die Tatsache, dass ein großer Teil der Erdbevölkerung täglich einen erbitterten Kampf führt, um genügend Nahrungsmittel für das Überleben zu sichern. 826 Millionen Menschen leiden unter Hunger und Unterernährung, viele Millionen Kinder sterben den Hungertod. Der kleinere Teil der Menschheit hingegen kämpft gegen die krank machenden Folgen eines maßlosen Überflusses an Nahrung.

Der größte Teil der so genannten „Zivilisationskrankheiten", mit denen sich die Industrienationen herumplagen, beruht auf der Tatsache, dass unser Essverhalten nicht mehr durch den natürlichen Instinkt gelenkt wird. Von allen Seiten wird der heutige Mensch mit Vorschriften, Verhaltensregeln, Verboten, Diätplänen und Verlockungen bombardiert. Er ist verwirrt durch die zunehmende Flut ständig wechselnder Informationen, die vorschreiben, was gut für ihn ist und was ihn krank macht. Er hat es verlernt, seiner eigenen inneren Intelligenz zu vertrauen und lässt sich lieber von der öffentlichen Meinung leiten.

Gefangen im Netz der Nahrungsmittelindustrie hat der einzelne Verbraucher die Kontrolle über die im Überfluss angebotene Nahrung

verloren. Tägliche Horrormeldungen über verseuchte, genmanipulierte oder mit Hormonen und Antibiotika voll gepumpte Nahrungsmittel verunsichern ihn vollends. Außerdem weiß man nie so genau, ob denn auch wirklich das auf den Teller kommt, was die Aufschrift der Verpackung verspricht oder ob es sich nicht nur um einen lecker duftenden Cocktail aus Geschmacksstoffen mit Beilage handelt?

Was also ist zu tun, um Essen wieder zu dem zu machen, was es eigentlich sein sollte – ein gesunder Genuss?

Zunächst einmal verbannen Sie alle Diätpläne und Essvorschriften aus Ihrem Umfeld. Verstecken Sie die Waage unter dem Schrank. Macht es Sie nicht auch stutzig, dass es immer noch so viele übergewichtige Menschen gibt trotz des überwältigenden Angebots an Diäten und Schlankheitskuren? Es ist bewiesen, dass schnelles Abnehmen nach

Machen Sie jedes Essen zu einem kulinarischen Erlebnis!

dem Fahrplan einer Diät nicht zu der gewünschten dauerhaften Gewichtsabnahme führt. Im Gegenteil, der größte Teil der Betroffenen nimmt nach einer Diät wieder zu.

Befreien Sie das Thema „Essen" von all dem angesammelten Informationsmüll und werfen Sie anerzogenes Essverhalten über Bord. Natürlich ist das leichter gesagt als getan und Sie werden Geduld und Ausdauer brauchen, um mit jahrelang herumgeschleppten Vorurteilen aufzuräumen. Der Versuch lohnt sich, denn Essen wird wieder zu einem reinen Vergnügen, ohne dass Ihnen ein schlechtes Gewissen den ganzen Spaß verdirbt. Ganz allmählich werden Sie zu Ihrer Idealfigur finden und jegliches zwanghafte Essverhalten einfach abschütteln. Sie werden Ihr natürliches Gewicht erreichen, indem Sie nach Ihrem Appetit essen, Ihrem Körper gesunde Nahrung zuführen und sich in Bewegung halten.

Mal ganz ehrlich, wie haben Sie heute gefrühstückt? War es die schnelle Tasse Kaffee im Stehen mit Blick auf die Uhr, vielleicht noch ein Brötchen zwischen den Zähnen auf dem Weg ins Büro? Oder war es das lieblos zubereitete und fad schmeckende Müsli, dazu ein Ohr am Radio und das Auge auf der Tageszeitung?

Probieren Sie doch mal etwas Neues aus. Stehen Sie nur zehn Minuten früher auf und beginnen Sie Ihren Tag mit Ruhe. Freuen Sie sich auf Ihr Frühstück, legen Sie schöne Musik auf, statt den deprimierenden Nachrichten zu lauschen. Bereiten Sie sich einen einladenden Frühstückstisch mit einer Kerze oder frischen Blumen. Verwandeln Sie Ihr Frühstück in einen Augenschmaus, sodass man sich mit Freude an den Tisch setzt. Fangen Sie bereits am frühen Morgen an zu genießen und essen Sie nur das, worauf Sie Lust und Appetit haben. Dabei lassen Sie bitte Ihren Denkapparat, der gleich wieder analysieren und Kalorien zählen will, ausgeschaltet. Konzentrieren Sie sich lediglich auf den Genuss, sei es Müsli, frisches Obst, Marmeladentoast oder Rührei. Wichtig ist nur, dass Sie langsam essen und nicht schlingen. Auf diese Weise merken Sie viel eher, wann Sie satt sind und die Nahrung wird wesentlich leichter verdaut. Greifen Sie zum Obst oder trinken Sie Obstsaft! Frische Vitaminlieferanten, bereits am Morgen genossen, sind eine unschlagbare Methode, um fit und gesund zu bleiben.

Ein genussvoller, angenehmer Start ist die beste Voraussetzung für einen glücklichen und erfolgreichen Tag. Mit dieser Genussmethode fahren Sie den ganzen Tag lang fort und verwöhnen sich mit all den herrlichen Dingen, auf die Sie Appetit haben. Sie brauchen auf nichts zu verzichten, weder auf den Riegel Schokolade noch auf die leckeren Kekse oder das verlockende Stück Kuchen. Genießen Sie bewusst jeden Bissen. Keine Angst, Sie kommen gar nicht auf die Idee, sich mit Schokolade voll zu stopfen und beim nächsten Snack greifen Sie von ganz allein zu Apfel und Co.

Befreien Sie sich von dem lebenslangen Ringen um die so genannte „Idealfigur". Pfeifen Sie auf die zwanghafte Vorstellung, den Idealmaßen einer Frauenzeitschrift entsprechen zu müssen. Ihr Wohlbefinden ist der zuverlässigste Ratgeber. Sie werden von ganz allein herausfinden, wie gut Sie sich nach dem Genuss von frischem Obst fühlen, und dass man locker öfter auf Fleisch verzichten kann. Beobachten Sie, was passiert, wenn man weniger Fett in der Küche verwendet und darauf achtet, frische, unverarbeitete Nahrung zuzubereiten. Machen Sie den Test und trinken Sie konsequent zwei Wochen lang jeden Tag drei Liter und zwar Wasser (ohne bzw. mit wenig Kohlensäure), Kräutertee, grünen Tee und Saft (möglichst ungesüßt).

Nach kurzer Zeit werden Sie bemerken, dass Sie nicht mehr so müde sind, die lästige Erkältung plötzlich verschwunden ist und die Hose angenehm locker sitzt. Außerdem bekommen Sie von der gesteigerten Flüssigkeitszufuhr eine glatte, zarte Haut. Sie werden feststellen, dass Sie weniger essen, sobald Sie Ihre Mahlzeit wirklich genießen mit der Gewissheit, dass Sie es jeden Tag wieder tun können. Sie werden nicht mehr weiteressen, wenn Sie bereits satt sind, denn Sie wissen, auch mit der nächsten Mahlzeit wartet auf Sie ein herrliches Vergnügen.

Es fällt nicht schwer, die neue gesunde Ernährungsweise anzunehmen und vor allem beizubehalten, denn sie macht richtig Spaß.

Ist Ihnen aufgefallen, wie viele Gedanken sich um das Essen drehen, und wie viele dieser Gedanken negativ besetzt sind?

Es ist an der Zeit, das Thema „Essen" zu einem sinnlichen Vergnügen zu machen und zwar angefangen beim Einkauf. Verwandeln Sie den lästigen Einkauf Ihrer Nahrung in ein freudiges Erlebnis, ohne Stress und Hast. Lassen Sie sich verführen, zum Beispiel von den Farben und Gerüchen eines Obststandes. Obst, das nicht duftet, lassen Sie im Regal liegen, es wird im Geschmack fad sein. Kaufen Sie qualitativ hochwertige Nahrungsmittel. Nur das Beste ist für Sie gut genug. Wenn Sie jetzt einwenden, das kostet ja viel mehr, dann bedenken Sie, was Sie an teuren

Vitamintabletten sparen können. Schließlich betanken Sie Ihr Auto auch nicht mit minderwertigem Benzin, wohlwissend, dass ansonsten der Motorschaden nicht lange auf sich warten lässt.

Es ist ratsam, in einem Naturkostladen, oder, wenn man die Möglichkeit hat, direkt beim Erzeuger und auf dem Wochenmarkt einzukaufen. Im Bioladen kann man wenigstens davon ausgehen, dass die gekennzeichnete Ware weder genmanipuliert noch durch bedenkliche Zusatz- und Schadstoffe belastet ist. Das Wissen um die gute Qualität der Nahrung ist eine wesentliche Voraussetzung für den uneingeschränkten Genuss. Heutzutage sind die Bioprodukte kaum noch teurer als konventionell erzeugte Ware. Frische Lebensmittel, die nicht auf ausgelaugten, überdüngten Böden angebaut, weder gespritzt noch in anderer unnatürlicher Weise behandelt wurden, enthalten alle Vitamine, Mineralien und Spurenelemente, die wir für unsere Gesundheit brauchen.

Das Angebot an Früchten und Gemüse in den Geschäften ist überwältigend. Es gibt alles und das zu jeder Jahreszeit. Natürlich darf man sich nicht wundern, wenn Erdbeeren im Dezember nach gar nichts schmecken. Generell ist es ratsam, Obst und Gemüse entsprechend der Saison zu kaufen. Das garantiert die Frische des Produkts, Geschmack und Qualität. Man sollte außerdem darauf achten, dass Nahrungsmittel keine unnötig langen Transportwege hinter sich haben. Kaufen Sie möglichst Produkte aus dem Umland.

Vergessen Sie die Gewürze nicht!

Gewürze und Kräuter sind nicht nur dazu da, Speisen bekömmlicher und schmackhafter zu machen. Sie liefern in ungeahnten Mengen Mineralien und Vitamine. Sie haben eine antibakterielle Wirkung und sind natürliche Medikamente, die in keiner Hausapotheke fehlen sollten. Insbesondere die sekundären Inhaltsstoffe spielen eine große Rolle bei der Heilwirkung. Neuerdings rücken die hochwirksamen Substanzen wieder in den Blickpunkt des wissenschaftlichen Interesses. Die Kräuter werden frisch, getrocknet oder pulverisiert verwendet. Als Heilkraut kann man sie innerlich und äußerlich benutzen. In Form von Tees, Essenzen, Pasten, Umschlägen, Aufgüssen oder in Tablettenform können sie beachtliche Heilerfolge erzielen. Auch in der Schönheitspflege werden sie mit großem Erfolg eingesetzt.

Vitaminbomben, die es in sich haben!

› Algen – sie liefern reichlich Mineralstoffe wie Kalzium, Magnesium, Eisen, Jod, Mangan, Kupfer sowie Vitamine, die für eine schöne Haut sorgen. Der regelmäßige Verzehr von Algen schützt vor freien Radikalen. Im Handel werden Blaualgen, Braunalgen und Grünalgen angeboten, meist sind sie in Naturkostläden und Reformhäusern erhältlich.

› Ananas – die Ananas ist aufgrund ihres hohen Vitamingehalts ein wahres Schönheitsmittel. Sie ist reich an dem Wirkstoff Bromelin, der in der Lage ist, in hohem Maße Fettstoffe aufzulösen und somit eine positive Auswirkung auf die Verdauungsorgane hat.

› Apfel – der Apfel ist ein richtiger Star unter den Vitaminlieferanten. Er bietet so viele Schutzstoffe, dass man ruhig öfter am Tag zu dieser kleinen Hausapotheke greifen sollte. Der hohe Natrium- und Phosphorgehalt wirkt außerdem anregend auf die Funktion des Gehirns. Bei Verdauungsproblemen ist der Apfel ein zuverlässiger Helfer. Wissenschaftliche Untersuchungen haben gezeigt, dass der Verzehr frischer Äpfel blutreinigend wirkt und aufgrund seines Vitamingehalts dem Herzinfarkt vorbeugt.

› Apfelsine – die köstliche Südfrucht ist nicht nur ein Lieferant von Vitamin C, die enthaltene Zitrussäure begünstigt die Aufnahme und Fixierung von Kalzium in unserem Körper. Außerdem verhindert der Genuss von Apfelsinen die Bildung von Karies und dient der Stärkung des Immunsystems.

› Aprikose – die kleinen Früchte versorgen uns reichlich mit Vitamin A. Sie haben eine verdauungsfördernde und antibakterielle Wirkung. Vitamin A sorgt außerdem für eine schöne, gesunde Haut.

› Banane – Bananen sind erstklassige Energielieferanten. Auch der hohe Anteil an Kalzium macht sie zu einem wichtigen Begleiter für jeden Sportler.

› Birne – diese Frucht wird oft unterschätzt, dabei verlangsamt sie tatsächlich den Alterungsprozess. Sie enthält Mangan, ein Stoff, der freie Radikale abbaut. Weiterhin findet man in der Birne winzige Anteile von Arsen, das nachweislich die Bildung von roten Blutkörperchen fördert und die weißen Blutkörperchen, die der Reinigung der Organe dienen, anregt. Durch ihren Gehalt an Pottasche hat die Birne die Fähigkeit, den Blutdruck zu senken.

› Brokkoli – mit dem Gemüse Brokkoli sollte man sich wirklich anfreunden. Es senkt den Cholesterinspiegel und hat eine stark antibakterielle Wirkung. Brokkoli sagt entarteten Zellen sehr effektiv den Kampf an und gilt als Krebsbremser.

› Erdbeere – die beliebte kleine Frucht ist mit ihren über 300 Inhaltsstoffen ein absolutes Multitalent. Sie ist ein wirkungsvolles Mittel bei Rheuma und Gicht aufgrund der enthaltenen Salizylsäure. Außerdem wirkt sie fiebersenkend und regt den Stoffwechsel an.

› Ginseng – die seit Jahrtausenden in der Heilkunst angewandte Wurzel gilt bei den Chinesen als Königin der heilenden Pflanzen. Die positiven Auswirkungen sind vielseitig. Sie stimuliert die Tätigkeit des Gehirns, stärkt das Immunsystem, hilft bei Abgeschlagenheit und Schwächegefühl und verbessert den allgemeinen Gesundheitszustand.

› Heidelbeere – die Beeren sind reich an Vitamin A, B und C. Hinzu kommen Gerbstoffe, Pektin, Invertzucker und organische Säuren.

Sie unterstützen das Immunsystem, wirken antibakteriell und gegen Durchfall.

› Johannisbeere – rote und schwarze Johannisbeeren sind regelrechte Powerbeeren. Reich an Vitamin C, H und B, Pektin, Borin und Fruchtsäuren wirken sie wie eine Gesundheitskur.

› Kartoffel – die essbare Knolle strotzt nur so vor Vitaminen und Mineralien. Sie ist besonders reich an Vitamin C und Kalium. Außerdem versorgt sie uns mit wertvollem Eiweiß und Stärke. Dadurch ist sie überaus energiespendend. In der Naturheilpraxis sind äußerlich aufgelegte Kartoffelbreiumschläge erfolgreiche Heilmaßnahmen, vor allem bei entzündlichen Prozessen wie Rippenfell- oder Gelenkentzündungen, Hexenschuss, Ischias, Arthritis und Sehnenscheidenentzündungen. Auch in der Schönheitspflege setzt man die gekochte und zerdrückte Kartoffel als verjüngende Gesichtsmaske ein.

› Kirschen – ob rot oder schwarz, süß oder sauer, Kirschen haben es wahrlich in sich. Sie haben eine hohe antibakterielle und entzündungshemmende Wirkung, senken den Blutdruck und wirken krebshemmend.

› Mais – dieses Getreide enthält neben großen Mengen Carotinoiden auch Phenolsäuren und Proteaseinhibitoren. Das sind Stoffe, die den Organismus regenerieren, das Immunsystem stärken und cholesterinsenkend wirken.

- Olive – die kostbare Frucht des Südens enthält viele wertvolle Stoffe wie Linolsäure, Palmitin- und Stearinsäure. Besonders das kalt gepresste Olivenöl sollte in keiner gesundheitsbewussten Küche fehlen.

- Pampelmuse – der spezielle Säuregehalt dieser Frucht hat eine sehr günstige Wirkung auf die Gallenblase. Außerdem kräftigt sie die Abwehrkräfte, beugt Paradentose vor und hat eine blutdrucksenkende Wirkung.

- Pfirsich – der Pfirsich ist die ideale Frucht für einen schwachen Magen. Er ist äußerst reich an Vitaminen.

- Sauerkraut – der weiße Kohl, roh oder schonend gedünstet, ist ein wahres Zaubermittel. Aufgrund der reichlich vorhandenen Milchsäurebakterien, bis zu 1,5%, wirkt er besonders günstig auf die Darmflora. Unter anderem kann man Magengeschwüre und Magenschleimhautentzündungen erfolgreich mit Sauerkraut als Salat, Beilage und Saft behandeln. Es enthält einen hohen Anteil an den Vitaminen B und C.

- Soya – Soyabohnen gehören in Asien zu den Grundnahrungsmitteln. Soya senkt den Fettspiegel, wirkt nervenstärkend und ist ein wichtiger Baustein für eine gesunde, schöne Haut. Soya besteht aus hochwertigem Eiweiß, ist reich an Mineralstoffen, Lezithin und Vitaminen. Soya ist frei von Cholesterin. Die reichlich vorhandenen ungesättigten Fettsäuren können bei regelmäßigem Genuss Herz-

Kreislauf-Erkrankungen verhindern. Soya wird in vielen Varianten angeboten. Zum Beispiel Tofu, der Soyaquark, gut gewürzt schmeckt er köstlich. Soyasauce gehört in jede Küche und ist ein ideales Würzmittel für Suppen, Saucen und Salate. Miso, Soyapaste, eignet sich hervorragend für Suppen und zum Würzen. Soya sollten Sie unbedingt in Ihren Speiseplan aufnehmen.

› Weintraube – die Weintraube schmeckt nicht nur köstlich, sie ist mit allen wichtigen Nährstoffen ausgestattet und enthält neben vielen Vitaminen alle Mineralien, die der Mensch braucht. Sie unterstützt das Immunsystem, kurbelt die Verdauung an, wirkt antibakteriell und gilt als Krebsbremse. Also, zur Traubenzeit unbedingt zugreifen.

› Zitrone – Zitronen sind nicht nur Vitamin C-Lieferanten, sie enthalten außerdem Fruchtsäure, Gerb-, Bitter- und Schleimstoffe. Zitrusfrüchte sollten das ganze Jahr über genossen werden, sie schützen vor Erkältungskrankheiten und Rheuma. Auch durch ihre blutverdünnende Wirkung regen sie den Stoffwechsel an. Morgens vor dem Frühstück eine halbe ausgepresste Zitrone auf ein Glas warmes Wasser ist eine hervorragende Methode, um den Stoffwechsel anzuregen und in die Gänge zu kommen.

Essen Sie jeden Tag Salat. Ein gemischter, frischer Salat strotzt nur so vor Vitaminen, Mineralien und Balaststoffen. Keine noch so teure Vitamintablette kann da mithalten. Seien Sie erfinderisch und erweitern Sie Ihr Repertoire an Salatrezepten. Auf der nächsten Seite finden Sie einige Anregungen.

REZEPTE Salate: knackig, schnell und gesund!

Feldsalat mit Schafskäse und Walnüssen

(für 2 Personen)

200 g Feldsalat
100 g festen Schafskäse
50 g gehackte Walnüsse
4 El Olivenöl
1 El Balsamico-Essig
1 El Soyasauce
1 El Honig oder Birnendicksaft
frisch gemahlener Pfeffer
Meersalz

Feldsalat gründlich putzen und waschen, anschließend trocken schleudern. Den Schafskäse in Würfel schneiden. Aus dem Öl, Essig, der Soyasauce und dem Honig eine Sauce herstellen. Mit Salz und Pfeffer abschmecken und unter den Salat mischen. Zum Schluss die Nüsse darüber geben. Der Salat schmeckt auch sehr gut ohne Nüsse.

Soyasprossensalat mit Mango

(für 2 Personen)

150 g Soyasprossen
150 g Möhren
2 El ungeschälte Mandeln
1 El Rosinen
1 Mango
3 El Olivenöl
1 El Obstessig
1 Tl Soyasauce
1 El Birnendicksaft
1 Bund Schnittlauch
Meersalz
frisch gemahlener Pfeffer

Die Soyasprossen waschen, abtropfen lassen und welke Enden entfernen. Möhren schrubben und in feine Streifen schneiden. Mandeln stifteln, Rosinen abspülen und auf einem Küchentuch trocken tupfen. Die Mango schälen, halbieren und den Kern herauslösen. Das Fruchtfleisch in Streifen schneiden. Eine Salatsauce aus Öl, Essig, Soyasauce und Birnendicksaft herstellen, mit Salz und Pfeffer abschmecken. Die Soyasprossen, Möhren und die Mango in eine Schüssel geben, die Salatsauce sowie die Nüsse und Rosinen unterheben, Schnittlauch fein gehobelt über den Salat streuen. Vor dem Servieren zehn Minuten ziehen lassen.

Birnensalat mit Camembert und Nüssen

(für 2 Personen)

1 Birne
1/2 Kopf Friséesalat
1 Bund Löwenzahnsalat
1 Tasse Walnüsse
1/2 Camembert
2 El Zitronensaft
2 El Birnendicksaft
3 El Olivenöl
1 El Obstessig
Salz und frisch gemahlener Pfeffer

Die Birne schälen, vierteln, das Kerngehäuse entfernen und die Frucht in Streifen schneiden, anschließend mit der Hälfte des Zitronensafts beträufeln. Den Friséesalat und den Löwenzahn waschen, auseinander zupfen und trocken schleudern. Eine Vinaigrette aus Öl, Essig, Zitronensaft, Salz und Pfeffer herstellen und den Salat darin wenden. Den Birnendicksaft in einer Pfanne erhitzen, die Birnenspalten zwei Minuten von jeder Seite im Saft wenden und auf zwei Teller legen. Die Nüsse in die Pfanne geben und mit dem Saft einkochen lassen. Den Camembert in Scheiben schneiden, zu den Birnen geben und den Salat auf den Tellern anrichten. Zum Schluss die karamellisierten Nüsse hinzufügen.

Walnüsse sind hervorragende Energielieferanten, sie enthalten bis zu 16% Eiweiß, der Anteil an Nährwerten ist sehr hoch. Walnusskerne sind reich an

Vitamin B, A, E und C. Außerdem enthalten sie viele Mineralstoffe wie Eisen, Phosphor und Kalium. Hinzu kommen Spurenelement wie Zink, Mangan, Kupfer und Chlor.

Rohkost aus Sauerkraut und Sellerie

(für 2 Personen)

100 g Sauerkraut
150 g Sellerieknolle
1 Apfel
1 Zitrone, unbehandelt
3 Scheiben Ananas
1/2 Tasse Walnusskerne
1 1/2 El Olivenöl
2 El Crème fraîche
Meersalz und frisch gemahlener Pfeffer

Den Apfel halbieren und das Kerngehäuse entfernen. Eine Apfelhälfte in kleine Stifte schnippeln und in einer Schüssel mit Pfeffer würzen. Das Sauerkraut auseinander zupfen und zum Apfel geben, das Öl unterziehen. Die Zitrone heiß abwaschen, die Schale abreiben und den Saft auspressen. Den Sellerie schälen und grob raspeln, die zweite Apfelhälfte ebenfalls raspeln, die Ananasscheiben in kleine Stifte schneiden und zusammen mit dem Apfel unter den Sellerie mischen. Zitronensaft mit der Crème fraîche verrühren, dem Sellerie hinzufügen und alles mit Salz und Pfeffer abschmecken. Sauerkraut und Sellerie auf Tellern anrichten und mit den Walnüssen garnieren.

Fenchelrohkost mit Orangen

(für 2 Personen)

1 Fenchelknolle
1 Orange
1 Apfel
1/2 Tasse geröstete Sesamkerne
2 El Olivenöl
2 El saure Sahne
Saft von 1/2 Zitrone
1 El Sanddornsaft
Honig, Salz und Pfeffer

Die Fenchelknolle putzen, halbieren und in feine Streifen schneiden. Das Fenchelgrün fein hacken. Den Apfel waschen, entkernen und in Würfel schneiden. Die Orange schälen, ebenfalls in Streifen schneiden und mit dem Fenchel sowie dem Apfel in eine Schüssel geben. Aus dem Öl, der sauren Sahne, dem Zitronen- und Sanddornsaft eine Sauce bereiten, mit Honig, Salz und Pfeffer abschmecken und unter den Salat mischen. Das Fenchelgrün und die Sesamkerne über den Salat geben.

Bunter Salatteller

(für 4 Personen)

1 kleiner Kopf Radicchio
1 Eisbergsalat
1 Bund Rucola
1 gelbe Paprika
2 Möhren
100 g Champignons
1 Bund Radieschen
1 Tasse schwarze Oliven ohne Kerne
Gartenkresse
3 Tomaten
1 kleine Zucchini
1 Knoblauchzehe
1 Bund Schnittlauch
1 Bund Basilikum
5 El Olivenöl
1 El Balsamico-Essig
1 El Zitronensaft
Salz und Pfeffer
Parmesankäse

Die Salate waschen, trocken schleudern und klein zupfen. Vom Rucola die harten Stiele entfernen. Die Paprika, Möhren, Radieschen, Tomaten und Champignons putzen und klein schneiden. Die Zucchini schrubben, der Länge nach halbieren und in Stifte schneiden. Alles in eine Schüssel geben und mit den Oliven vermengen. Eine Sauce bereiten aus der zerdrückten Knoblauchzehe, Öl, Essig, Zitronensaft, Salz und Pfeffer. Schnittlauch und Basilikum fein hacken und zum Salat geben. Den Salat mit der Sauce vermischen, etwas grob geriebenen Parmesankase daruber geben und mit der Gartenkresse anrichten.

Avocadosalat mit Majoran

(für 2 Personen)

1 Avocado
2 Tomaten
2 Zweige Majoran
1 El Olivenöl
1 El Zitronensaft
Meersalz und frisch gemahlener Pfeffer

Die Avocado schälen, das Fruchtfleisch vom Kern lösen und in kleine Würfel schneiden. Die Tomaten waschen, ebenfalls in kleine Würfel schneiden und mit der Avocado in eine Schüssel geben. Den Majoran hacken und über den Salat streuen. Olivenöl mit dem Zitronensaft, Salz und Pfeffer zu einer Sauce verrühren und vorsichtig unter den Salat mischen. Am besten schmeckt dazu ein frisches Baguette.

Maissalat mit Schafskäse

(Für 4 Personen)

4 Maiskolben
300 g Schafskäse
100 g schwarze Oliven
1/2 Bund Frühlingszwiebeln
150 g Pealbohnen oder weiße Bohnen (eingeweicht)
1 El Zucker
5 El Obstessig
je 1 Bund Schnittlauch, Petersilie und Bohnenkraut
5 El Olivenöl
1 zerdrückte Knoblauchzehe
Meersalz und Pfeffer

Die Bohnen bei milder Hitze ca. 30 Minuten weich kochen (weiße Bohnen brauchen länger, ca. eine Stunde). Maiskolben putzen und mit dem Zucker ca. zehn Minuten garen, erst am Schluss salzen, da sie sonst nicht weich werden, dasselbe gilt für die Bohnen. Die Frühlingszwiebeln fein hacken und mit der zerdrückten Knoblauchzehe zu den lauwarmen Bohnen geben. Durchziehen lassen, in der Zwischenzeit die Kräuter waschen und fein hacken. Den Mais von den Kolben streifen und mit den Kräutern zu den Bohnen geben. Eine Salatsauce aus dem Öl, Essig, Salz und Pfeffer fertigen und unter den Salat mischen. Abschließend den Schafskäse in kleine Würfel schneiden und unter den Salat heben.

Fruchtiger Chinakohlsalat

(für 4 Personen)

400 g Chinakohl
1 Orange
100 g Erdbeeren
2 Kiwis
250 g Joghurt
1 Frühlingszwiebel
Saft 1/2 Zitrone
1 El Obstessig
Meersalz und Pfeffer

Den Chinakohl putzen, raspeln oder in feine Streifen schneiden. Die Orange schälen, die weiße Innenhaut entfernen und das Fruchtfleisch in feine Scheiben schneiden. Erdbeeren putzen, die Kiwis schälen und beide Obstsorten ebenfalls in feine Scheiben schneiden. Den Joghurt mit dem Zitronensaft, dem Essig sowie Salz und Pfeffer verrühren, die Frühlingszwiebel fein hacken und zur Sauce geben. Den Chinakohl mit dem Obst auf Tellern anrichten, die Sauce darüber geben und vorsichtig mischen.

Kartoffelsalat mit Mozzarella und Oliven

(für 4 Personen)

2 El Olivenöl
600 g kleine fest kochende Kartoffeln
2 Pakete Mozzarella
100 g schwarze Oliven ohne Kern
250 g kleine Kirschtomaten
1 Schalotte
2 Knoblauchzehen
3 Zweige Thymian und 3 Zweige Rosmarin
6 El Olivenöl
3 El Balsamico-Essig
Meersalz und frisch gemahlener Pfeffer

Die Kartoffeln mit einer Gemüsebürste abschrubben und in mundgerechte Stücke schneiden. Das Öl in einer Pfanne erhitzen und die Kartoffeln darin anschwitzen, 5-6 El Wasser hinzufügen, mit Salz und Pfeffer kräftig würzen und ca. zehn Minuten garen. Inzwischen die Kräuter sowie die Schalotte fein hacken, den Knoblauch zerdrücken und den Mozzarella in Würfel schneiden, die Tomaten halbieren. Sobald die Kartoffeln eben gar sind, abkühlen lassen und mit dem Knoblauch, der Schalotte und den Kräutern vermischen. In einer Schüssel aus Öl und Essig eine Sauce herstellen, die Kartoffeln, Tomaten, Oliven und den Mozzarella hineingeben und alles vorsichtig vermengen. Mit Salz und Pfeffer abschmecken, den Salat vor dem Servieren ca. 20 Minuten ziehen lassen.

RELAXATION

Die Mitte finden

»Ich kann nicht mehr, ich habe das Gefühl, mir wächst alles über den Kopf.« Kommt Ihnen das irgendwie bekannt vor?

Sie haben einen anstrengenden Tag hinter sich, sind in Zeitdruck und stehen schon wieder im Stau. Die Kopfschmerzen hämmern gnadenlos, zu Hause wartet der gesamte Abwasch von gestern Abend und rücksichtsloserweise auch noch ein Berg Bügelwäsche. An Heinzelmännchen glauben Sie schon lange nicht mehr, also entwickeln sich die Kopfschmerzen langsam zu einer heftigen Migräne.

Zu allem Überfluss klingelt jetzt das Handy, Ihr Büro fragt an, ob Sie morgen nicht doch früher zur Arbeit kommen können. Sie hatten aber Ihrer kleinen Tochter versprochen, Schuhe kaufen zu gehen. Nun steht ein Familiendrama bevor, weil Sie erklären müssen, dass es wieder nichts wird mit dem Einkaufsbummel. Sie glauben, jeden Moment explodieren zu müssen und fühlen sich wie ein Hamster im Laufrad. Gelassenheit ist in weite Ferne gerückt, das innere Gleichgewicht aus dem Lot gekippt. Sich ins Bett zu verkriechen und die Decke über den Kopf zu ziehen, scheint Ihnen die einzig vernünftige Lösung zu sein.

Diesen Zustand bezeichnet man als Stress.

Was ist Stress?

Nüchtern betrachtet, ist Stress eine instinktive und automatische Kampf- oder Fluchtreaktion des Körpers angesichts einer Gefahr. Diese Reaktion mobilisiert den Körper blitzschnell, um sich vor Bedrohung zu schützen, indem man entweder die Flucht ergreift oder sich zur Wehr setzt. Die biochemische Reaktion hat also ursprünglich eine Überlebensfunktion.

Stress löst eine ganze Reihe elementarer Veränderungen im Körper aus. Wenn Ihnen vor Schreck und Angst die Luft wegbleibt, gehen in Sekundenschnelle unzählige Befehle über das Nervensystem an den gesamten Organismus. Ein Stresshormon wird freigesetzt, die Ausschüttung von Adrenalin versetzt den Organismus in Alarmbereitschaft. Die Muskulatur ist bis zum Äußersten angespannt, um den Körper kampfbereit zu machen. Der Puls fliegt und der Atem geht schneller, auf diese Weise wird das Blut mit Sauerstoff angereichert. Der Blutdruck steigt und sorgt für eine verbesserte Versorgung des Organismus. Sogar die Pupillen weiten sich, um besser sehen zu können. Die Haare sträuben sich wie bei einer Katze, die einen Angriff vorbereitet.

Der Körper verfügt jetzt dank der ausgelösten Prozesse über genügend Energien, um den Überlebenskampf oder die Flucht einzuleiten. Die freigesetzten Energiereserven werden durch die körperliche Aktion des Kampfs bzw. auf der Flucht vollständig aufgebraucht.

Ist die Gefahr vorüber, setzt automatisch eine Entspannungsphase ein. Die Anspannung lässt nach, der Atem wird wieder ruhig und regelmäßig. Die Muskulatur entspannt sich und der Körper kommt zur Ruhe.

Negativer Stress

Der Mensch im 21. Jahrhundert ist anderen Bedrohungen und Gefahren ausgesetzt als der Frühzeitmensch. Ein Mensch, der nicht in der Wildnis lebt, sondern in einer modernen Großstadt, muss nicht unbedingt damit rechnen, dass ein Löwe oder ein Bär vor seiner Haustür steht. Die Gefahren, die ihn bedrohen, sind viel komplexer und subtiler. Sie sind auch nicht immer als solche auszumachen. Es sind Herausforderungen der Leistungsgesellschaft, die auf emotionaler und psychischer Ebene für den Menschen eine Stresssituation bedeuten können. Eine direkte und fassbare Bedrohung des Lebens tritt relativ selten auf. Es sind tägliche Sorgen, Verunsicherungen, Zukunftsängste und scheinbar unlösbare Probleme, die eine Stressreaktion hervorrufen.

Hinzu kommen Konflikte mit Vorgesetzten, Kollegen oder dem Partner, und schon wird die Kampf-Flucht-Reaktion im Körper ausgelöst. Man verspürt Wut im Bauch, möchte laut losschreien oder die Tür zuschlagen. In den meisten Fällen wird die Wut heruntergeschluckt, verdrängt und unterdrückt, es kommt zu keiner Auflösung des Konflikts und somit folgt auch keine Entspannung.

Der tägliche Ärger, die nervenden Kleinigkeiten, sei es in der Familie oder am Arbeitsplatz, das nagende Gefühl, es nicht zu schaffen, konstante Hast und Angst, zu spät zu kommen, finanzielle Sorgen oder gar traumatische Erlebnisse, wie der Verlust eines geliebten Menschen, das sind Faktoren, die zu einer verstärkten Anspannung führen. Dieser Stresszustand, der meistens nicht abgebaut, sondern lediglich unterdrückt wird, kann sich zu einem destruktiven Dauerzustand entwickeln. Hinzu kommt der erhebliche Stressfaktor der Reizüberflutung in der unmittelbaren Umgebung. Sei es Lärm, Umweltgifte und visuelle Eindrücke, die pausenlos auf den Menschen einstürmen.

Der Mensch wird krank infolge von Stresssituationen, die weder aufgelöst noch verarbeitet wurden.

Allein das Überqueren einer stark befahrenen Kreuzung löst im Körper höchste Alarmbereitschaft aus. Die Folge ist eine Aneinanderreihung von Kampf-Flucht-Reaktionen, ohne Gelegenheit, sie abzubauen und anschließend zu entspannen. Eine Stresssituation jagt die nächste. Ist die Grenze der Belastbarkeit erreicht, beginnt der Zusammenbruch des Organismus.

Jeder muss seine individuelle Methode finden, um mit Stress richtig umzugehen. Der eine findet eine effektive Möglichkeit, indem er regelmäßig Sport treibt, der andere erlernt die wunderbare Wissenschaft der Meditation und der Dritte erholt sich bei einem Spaziergang durch den Wald. Es gibt wirkungsvolle Wege der Stressbewältigung, um leistungsfähig zu bleiben, den Herausforderungen des Lebens mit Zuversicht entgegensehen zu können und um Wohlbefinden zu erlangen.

Positiver Stress

Vergessen wir nicht, dass Stress gegebenenfalls lebensrettend sein kann. Es werden Energien freigesetzt, die zu überdurchschnittlichen Leistungen befähigen. Ein positiver Stressfaktor kann Kräfte mobilisieren und den Menschen beflügeln, Aufgaben zu meistern, die ihm keiner zugetraut hätte: Sei es im Sport der Marathon, den er gelaufen ist, ohne schlapp zu machen oder im Beruf der großartige Deal, den er abgeschlossen hat. Die erfolgreich bestandene Prüfung, trotz der Angst, die ihn vorher fast krank gemacht hat. Oder, weniger dramatisch, aber ebenso stressig, der tolle Kindergeburtstag, den er organisiert und mit unzähligen lauten Kindern gefeiert hat.

In einer positiven Stresssituation steht man sozusagen unter Strom, die Nerven sind bis auf das Äußerste angespannt, die Konzentrationsfähigkeit ist auf das Maximum gesteigert. Fast jeder Darsteller auf der Bühne leidet unter Lampenfieber. Er stirbt tausend Tode vor seinem Auftritt und die Nerven scheinen zu zerreißen. Jedoch in dem Moment, in dem er auf der Bühne steht und die Vorstellung beginnt, ist das lähmende Angstgefühl verflogen und er ist in der Lage, eine grandiose Darstellung zu präsentieren. Im Anschluss an die Anstrengung folgt die wohltuende Entspannung.

Ein gewisses Maß an Stress führt zu einer Leistungssteigerung und man wird in die Lage versetzt, Höchstleistungen zu erbringen. Allerdings müssen wir beachten, dass jeder Mensch über eine

Es ist niemals zu spät, mit einem Antistressprogramm zu beginnen, der Erfolg stellt sich bereits nach kurzer Zeit ein.

Toleranzgrenze der Belastungsfähigkeit verfügt. Wird diese zu oft oder gar permanent überschritten, indem Anforderungen und Leistungsdruck immer weiter zunehmen, wird aus dem positiven Stress schnell ein krank machender, destruktiver Stressfaktor. Müdigkeit, Gereiztheit, Magenbeschwerden und Bluthochdruck sind oft die Folge. Diese Warnsignale wollen zu verstehen geben: Stopp, höre auf deinen Körper, Veränderung ist angesagt! Werden diese ersten Hilferufe des Körpers ignoriert bzw. mit Kopfschmerztabletten oder Alkohol nur kaschiert, kann es zu einer ernsten Krise kommen.

Antistressmethoden

Am besten beginnen Sie mit einem Check-up Ihres Tagesablaufs. Erstellen Sie eine Liste mit Aufgaben, die unbedingt gemacht werden müssen, und Dingen, die ruhig mal liegen bleiben können. Gehen Sie Ihren Tag durch und überprüfen Sie, wann es Zeitlücken gibt, die nur Ihnen gehören könnten. Zeiträume, in denen Sie Ihre Batterien aufladen und das tun, wonach Ihnen im Moment zumute ist. Sie könnten bereits überaus erfolgreich entspannen, wenn Sie nichts tun. Die Seele baumeln lassen, in den Tag hineinträumen und sei es nur für zehn Minuten. In diesen kostbaren Minuten, in denen Sie einfach loslassen, kann sich der Körper regenerieren. Vorausgesetzt, Sie setzen sich nicht unter erneuten Stress durch ein schlechtes Gewissen – weil Sie ja nichts tun.

Als zweiten Schritt überprüfen Sie, mit welcher Einstellung Sie die täglichen Aufgaben bewältigen. Beginnen Sie mit dem Aufstehen. Haben Sie einen Horror vor dem Klingeln des Weckers oder freuen Sie sich auf den Tag? Machen Sie gerne Frühstück oder ist Ihnen das furchtbar lästig? Macht der Gedanke an die Arbeit schlechte Laune oder gehen Sie fröhlich an Ihre Aufgaben?

Wenn Sie jetzt die Liste durchgehen und feststellen, an welchen Punkten Ihre Einstellung negativ ist, dann nehmen Sie diese negativen Punkte näher unter die Lupe. Definieren Sie möglichst genau, warum Sie dieses oder jenes ungern tun. Schreiben Sie die Gründe auf. Nun überprüfen Sie, was Sie ändern können, um diese Dinge in Ihrem Leben angenehmer zu machen.

Wie wäre es, sich einen Wecker zu beschaffen, der mit einem sanften Signal oder gar mit Musik die Aufstehzeit ankündigt, sodass man nicht durch ein markerschütterndes Schrillen aus tiefem Schlummer hochschreckt? Sind Sie einmal wach, dann stürzen Sie sich nicht gleich aus den Federn. Machen Sie es wie eine Katze, räkeln und strecken Sie sich, bevor Sie mit einem herzhaften Gähnen aus dem Bett hervorkriechen. Der neue Tag beginnt auf diese Weise wesentlich angenehmer. Öffnen Sie ein Fenster und lassen Sie frische Luft herein. Nach ein paar tiefen Atemzügen ist die Lunge mit Sauerstoff gefüllt, das vertreibt jede Müdigkeit. Wenn Sie vor dem Frühstück wenigstens fünf Minuten Gymnastik einbauen, dann sind Sie für den Tag optimal gewappnet.
Man steht jeden Tag von neuem vor der Entscheidung, den Ereignissen und Abläufen des Tages entweder mit positiven oder mit negativen

Gefühlen und Erwartungen zu begegnen. Der Körper registriert wie ein hochsensibler Sensor jede Gemütsregung und wird auf positiv oder negativ gesteuerte Verhaltensweisen entsprechend reagieren. Selbstverständlich gibt es Ereignisse, wo es schwer fällt, eine positive Einstellung zu bewahren. Aber sogar der Besuch beim Zahnarzt ist ja etwas Positives, da die Zähne in Ordnung gebracht werden. Bei genauerer Betrachtung kann man, wenn man will, immer die positive Seite sehen.

Es sind die kleinen Dinge im Leben, die die größte Freude bereiten.

Positives Denken ist eine Kunst, die man erlernen kann und die mit Sicherheit das Leben (im positiven Sinne) verändern wird.

Bereichern Sie den Alltag mit schönen Dingen. Kleinigkeiten, auf die man sich freut, die dem Tag Farbe geben. Das kann ein Blumenstrauß sein oder die Karte zu einem tollen Konzert. Seien Sie großzügig mit sich und Ihren Mitmenschen, es sind diese kleinen Extras, die das Leben lebenswert machen. Genießen Sie bewusst die angenehmen Minuten, Stunden oder Tage. Schenken Sie Ihnen Ihre volle Aufmerksamkeit. Lassen Sie sich nicht ablenken durch unzählige Nichtigkeiten, die um Sie herum ihr Unwesen treiben. Kosten Sie alles aus, wie eine köstliche Mahlzeit oder ein Stück Schokolade, das man auf der Zunge zergehen lässt. Allmählich werden die positiven Gefühle sich ausbreiten und schließlich überwiegen.

Brechen Sie mit der Gewohnheit, alles gleichzeitig erledigen zu wollen. Das Auge auf dem Bildschirm, das Ohr am Radio, die Hände beim Kaffeekochen und die Gedanken bei der Aufstellung der Einkaufsliste. Nie ist man wirklich bei der Sache, selten erfahren Aktionen ungeteilte

Aufmerksamkeit. Kein Wunder, dass die meisten Menschen Konzentrationsschwierigkeiten haben. Sie werden permanent abgelenkt und unterliegen dem Irrglauben, unzählige Aufgaben auf einmal bewältigen zu müssen, da sie unter Zeitdruck stehen. Ein Verhaltensmuster, das über Jahre angeeignet wurde. Ein gewisses Maß an starkem Willen sowie viel Geduld ist notwendig, um es wieder loszuwerden. Allerdings ist es nie zu spät, mit der Veränderung zu beginnen. Durch ungeteilte Konzentration werden ungeahnte Energien freigesetzt und Handlungen erhalten eine neue Qualität. Das Resultat ist Erfolg, der zufrieden und glücklich macht.

Nur sehr selten befindet man sich im Hier und Jetzt. Es ist entweder das Gestern oder das Morgen, mit dem sich die Gedanken beschäftigen. Was jetzt – in diesem Augenblick – ist, wird meist nicht bewusst wahrgenommen. Erst in der Erinnerung erlebt man die Geschehnisse voll und ganz. Was wäre gewesen, wenn ... oder was wird sein ... sind die Gedanken, die vom Jetzt ablenken. Ängste bauen sich auf und lenken Gedanken in negative Bahnen. Sorgen um Dinge, die noch gar nicht eingetreten sind und mit größter Wahrscheinlichkeit auch so nicht eintreten werden, stehen im Vordergrund. Man verschwendet vollkommen unnötig wertvolle Energien auf eine Zukunft, die es nicht gibt. Das Vertrauen in die Gegenwart ist der richtige Wegweiser. Handeln wird nicht länger durch Ängste bestimmt, sondern man wird gelenkt durch Zuversicht und den Glauben an seine innere Kraft.

Wenn man dem Augenblick mehr Aufmerksamkeit schenken kann, so wird er bereichern. Gestern ist längst vorbei, morgen noch lange hin, aber heute ist der Anfang zum Rest Ihres Lebens. Ärgern Sie sich nicht über Falten oder graue Haare, denn Sie werden nie wieder so jung sein wie heute.

Es ist befreiend zu wissen, dass man jeden Tag die Wahl hat, eine Änderung in seinem Denk- und Verhaltensmuster vorzunehmen. Sie allein entscheiden, in welche Richtung Sie gehen, Sie allein können Ihrem Geist das Signal geben, positiv oder negativ. Der Haken bei der Sache ist, wie beim Sport, man muss trainieren, trainieren und nochmals trainieren. Es gibt tolle Fortschritte und immer mal wieder Rückschläge. Die alten Gewohnheiten kommen nur allzu gern zum Vorschein, um jederzeit wieder die Oberhand zu gewinnen. Mit der Zeit werden sie allerdings stiller und streckenweise gelingt es sogar, sie verschwinden zu lassen. Also – niemals den Mut verlieren!

Heiterkeit und Spaß am Leben sind ein regelrechter Gesundbrunnen. Nicht alles bierernst nehmen, drauf pfeifen, was die anderen denken und das Leben auch mal von der komischen Seite aus betrachten, solche Maßnahmen können Wunder wirken. Freunde werden wissen wollen, was los ist, ob man gar frisch verliebt sei? Es ist eine großartige Veränderung, die man erfährt und man tut für sich das Allerbeste, man erfreut sich am Leben.

Jeder Mensch ist ein Künstler. Das eigene Leben ist das größte Kunstwerk, das ständig neu erschaffen werden kann. Jeder Tag eröffnet eine weitere Chance und bietet unendliche Möglichkeiten, sein Leben zu gestalten.

Der Körper ist ein Spiegel des Bewusstseins. Er funktioniert wie ein Chemielabor, in dem es dramatisch zugehen kann. In ihm findet Wachstum statt und Zerfall, Zerstörung und Wiederaufbau, es wird in ihm kaputtgemacht, repariert und gekämpft. Das Körperlabor untersteht dem Gesetz fortlaufender Veränderung, bis es eines Tages stillgelegt wird.

Jede Methode hat dasselbe Ziel: Die Mitte zu finden.

Gedanken und Bewusstsein haben einen wesentlichen Einfluss auf diese Veränderungen und bestimmen mit, in welche Richtung sie gehen. Sobald man erkennt und begreift, wie dieser Mechanismus funktioniert, braucht man Krankheiten und Schicksalsschlägen nicht mehr völlig hilflos gegenüberzustehen. Durch das Wissen um die ureigene Kraft kann man sein Leben in die Hand nehmen, es eigenverantwortlich gestalten und aus den unterschiedlichen Botschaften lernen. Eine Krankheit muss kein unabwendbares Unglück bedeuten, dem man ausgeliefert ist, sondern sie birgt eine Botschaft. Auf seinen Körper zu hören und mit seinem Innersten, der Seele, Kontakt aufzunehmen, kann wie Medizin wirken und dient der Heilung.

Natürlich ist der Mensch auf die Schulmedizin angewiesen und niemand plädiert dafür, auf sie verzichten zu wollen. Jedoch sollte man für sein Wohlbefinden und seine Gesundheit mehr Eigenverantwortung übernehmen und es nicht allein dem Arzt überlassen zu heilen. Auch das beste Medikament, die wirkungsvollste Therapie ist auf unsere Mitarbeit angewiesen, um uns gesund zu machen. Ein Zudecken der Krankheitssymptome durch Medikamente oder kurzfristige Schmerztherapien bewirken keine wirkliche Heilung.

Heilung im ganzheitlichen Sinne geht an die Wurzeln des Leidens. Die Ursachen auf körperlicher und seelischer Ebene zu erkennen und nach Möglichkeit zu verändern, ist das Ziel und birgt die Chance einer umfassenden Heilung. Krankheit bedeutet eine Störung des Gleichgewichts. Es gibt verschiedene Methoden, um seine Balance zu wahren oder wiederherzustellen.

Yoga, der sanfte Übungsweg

Der Begriff „Yoga" entstammt der alten indischen Sprache des Sanskrit. Das Wort bedeutete ursprünglich das Anjochen eines Zugtiers vor einen Wagen. Der Inder interpretierte den Begriff als Technik und Methode zur Unterjochung und Beherrschung der menschlichen Sinne und Triebe, um die Vervollkommnung des Menschen anzustreben.

Die große Tradition des indischen Yoga, ein uraltes Erbe der Menschheit, ist heute aktueller denn je.

Das klassische Yoga ist eine Methode, mit deren Hilfe der Mensch das höchste Ziel, seine spirituelle Selbstverwirklichung, erreichen kann; das reine Sein (sat) – die reine Erkenntnis (cit) – die reine Wonne (ananda). Das Hatha-Yoga ist in den westlichen Ländern das bekannteste und vorwiegend ausgeübte Yogasystem. Drei Schwerpunkte bilden die Säule des Hatha-Yogas:

1. Yoga-Asanas – ein ganzheitliches Übungssystem, das meist in Form von gehaltenen Körperstellungen und im Einklang mit einer tiefen,

bewussten Atmung ausgeführt wird. Das Ziel der Übungen besteht darin, eine innere Harmonie von Körper und Geist zu erreichen. Korrekt ausgeführte Asanas wirken sich auf den allgemeinen Gesundheitszustand positiv aus. Sie stärken insbesondere die rumpfaufrichtende Muskulatur und entlasten die Wirbelsäule. Die Muskulatur wird gelockert und Blockierungen werden gelöst. Der Stoffwechsel wird angeregt und durch die intensive Atmung wird die Lunge belüftet.

2. Pranayamas -- Atemübungen, die eine besondere Technik erfordern und die man nicht ohne Anweisungen eines erfahrenen Lehrers erlernen sollte. Das Beherrschen einer natürlichen Vollatmung ist Voraussetzung zur Erlernung der Pranayamas. Diese Atemtechnik beeinflusst den gesamten Organismus, der entschlackt und entgiftet wird. Der Geist wird ruhig, man erfährt eine heilsame Entspannung.

3. Die Yogameditation – ein Weg zur Selbsterfahrung. Die Meditation ist eine Konzentrationsübung, in der versucht wird, alle im Geist erscheinenden Gedanken und Bilder auszuschalten. Den Zustand der Leere zu erlangen, ist eine äußerst schwierige Kunst, die viel Übung erfordert, aber allein der Übungsweg gibt Ausgeglichenheit, Kraft und Frieden.

Das Ziel der Meditation ist der Zustand des ewigen, zeitlosen Seins. Ohne jemals etwas erzwingen zu wollen, erfährt der Meditierende eine beglückende und heilsame Reise in sein Inneres.

Yoga ist nicht zu vergleichen mit einer Sportart, bei der man Ausdauer und Muskelkraft trainiert, es bewirkt weitaus mehr. Yoga beinhaltet nicht nur eine besonders effiziente Gymnastik mit dem Ziel, die Gelenkigkeit und Gesundheit des Körpers zu verbessern und innere Harmonie herzustellen.

Die Yoga-Asanas (Übungen) werden langsam und mit großer Aufmerksamkeit durchgeführt. Diese Aufmerksamkeit bringt die Energien zum Fließen. Nach jeder durchgeführten Asana-Stellung nimmt man eine bequeme Haltung ein, um dem Energiefluss im Körper nachzuspüren. In diesen Entspannungspausen kann man die oftmals versteckten Verspannungen im Körper entdecken und an den entsprechenden Stellen bewusst loslassen. Nach einiger Zeit der Übung ist das Empfinden so sensibilisiert, dass man Blockaden auflösen kann, bevor sie krank machen. Versuchen Sie niemals, beim Ausüben der Asanas etwas zu erzwingen. Es gibt beim Yoga keine Leistung, es gibt nur einen Weg. Der Übungsweg, auf dem man alle kleinen und großen Etappen genießt, sollte langsam beschritten werden.

Zu Hause zu üben, ist zusätzlich zum Yogakurs sehr sinnvoll. Üben Sie in einem ruhigen und gut gelüfteten Raum, in dem Sie nicht gestört werden. Lassen Sie sich auch nicht durch penetrantes Klingeln des Telefons aus der Ruhe bringen. Der Anrufer wird sich später wieder melden. Die besten Zeiten sind morgens vor dem Frühstück oder abends. Üben Sie nicht mit vollem Bauch, aber auch nicht mit knurrendem Magen. Nun brauchen Sie nur noch bequeme Kleidung wie einen Jogginganzug und eine Matte oder eine längs gefaltete Wolldecke als Unterlage.

Yoga kann nur als ganzheitlicher Weg verstanden werden, der das Körperliche mit dem Seelischen vereint.

Wohlbefinden und innere Harmonie oder der Weg von außen nach innen ist das Ziel.

Yoga – ein Übungsweg ohne Ende, man kann ihn sein ganzes Leben lang verfolgen und von ihm profitieren. Medizinische Untersuchungen haben ergeben, dass bei längerer und regelmäßiger Ausübung des Yoga der Alterungsprozess verlangsamt, ja sogar umgekehrt werden kann. Die gesundheitsfördernden Auswirkungen des Yoga sind vielschichtig und allumfassend. Wesentlich ist die intensive Regeneration, die durch die tiefe Ruhe und Entspanntheit erreicht wird. Sollten Sie die Möglichkeit haben, Yoga zu erlernen, dann tun Sie es. Yoga wird Ihr Leben verändern!
Es empfiehlt sich besonders als Anfänger, einen Yogakurs zu besuchen, denn nur bei richtiger Ausführung der Übungen wird man die erwünschten Auswirkungen erfahren.

Suryanamaskar - der Sonnengruß

Der Sonnengruß ist eine Basisübung des Yoga. Die Yogis üben ihn zum Sonnenaufgang, der Blick wird dabei nach Osten gerichtet. Ursprünglich wurde die Übung ausgeführt, um die Sonne mit ihrem lebensspendenden Licht zu verehren und zu begrüßen.

Diese Übung besteht aus einer Folge von zwölf Yogastellungen, die, begleitet durch eine koordinierte Atmung, in dynamischer Form

durchgeführt werden. Es gibt kaum eine bessere Übung, um den Tag zu beginnen. Das Strecken und Beugen im Wechsel vertreibt die Steifheit aus den Gliedern, kräftigt und dehnt die Muskulatur. Die tiefe Atmung regt den Kreislauf an und hat einen erfrischenden Effekt auf Körper und Geist. Wenn man sich bei der Ausführung des Sonnengrußes vorstellt, wie Sonnenstrahlen durch den Körper strömen, dann hat man für sich einen positiven und energiegeladenen Start in den Tag geschaffen.

Die Bewegungsfolge des Sonnengrußes wird einmal links und einmal rechts ausgeführt. Man beginnt mit einer Folge und steigert sich von Woche zu Woche bis zu sechs Folgen. Der Körper wird wunderbar aufgewärmt und fit für den Tag. Sie können so viele Folgen durchführen, wie Sie mögen und wie es Ihnen gut tut. Yogis machen meist neun und mehr Folgen. Wichtig ist, dass die zwölf Stellungen fließend und nicht ruckartig durchgeführt werden. Atmen Sie ruhig und gleichmäßig, lassen Sie die Atmung die Bewegungen lenken. Stellen Sie sich vor, dass die Bewegungen als Wellen durch Ihren Körper strömen. Vermeiden Sie starkes Durchbiegen der Wirbelsäule und ziehen Sie beim Ausatmen den Bauchnabel in Richtung Wirbelsäule.

1. Die Ausgangsposition ist der aufrechte Stand. Die Füße sind parallel und hüftbreit platziert. Die Handflächen sind vor der Brust zusammengelegt.

2. Einatmen, die Hände lösen und die Arme nach oben strecken. Das Gesäß anspannen und den Rücken dehnen (Achtung, Hohlkreuz vermeiden!).

3. Ausatmen, mit gestrecktem Rücken, so weit es geht, vorbeugen.

4. Einatmen, dabei das rechte Bein, so weit wie möglich, zurücknehmen, das rechte Knie berührt den Boden. Die Hände sind flach auf dem Boden neben dem linken Fuß platziert. Der Blick geht diagonal hoch.

5. Die Luft anhalten, den linken Fuß zum rechten stellen, beide Beine sind gestreckt, das Gewicht ist auf den durchgedrückten Armen. Der Körper bildet von den Fersen bis zum Scheitel eine Linie.

6. Ausatmen und sich nach hinten auf die Fersen setzen. Die Arme strecken weit nach vorne, die Stirn berührt den Boden.

7. Einatmen, den Kopf anheben.

8. Die Arme beugen, das Brustbein berührt den Boden.

9. Nach vorne in eine ausgestreckte Bauchlage gleiten und dabei ausatmen.

10. Einatmen und das Gesäß anspannen. Der Rücken wird ein wenig nach hinten gedehnt, die Hüften bleiben fest auf dem Boden.

11. Über die Knie hochkommen und das Gewicht nach hinten auf die Zehen und vorne auf die Hände verteilen.
Die Beine sind gestreckt, der Kopf bleibt zwischen den Armen. Langsam die Fersen senken, dabei ausatmen.

12. Einatmen, den linken Fuß nach vorne nehmen, wie in Position 4 beschrieben.

13. Den rechten Fuß nach vorne neben den linken stellen, die Beine durchstrecken und mit der Stirn versuchen, die Knie zu berühren.

14. Arme und Oberkörper hochschwingen, dabei einatmen.

15. Ausatmen und die Arme langsam in die Ausgangsposition führen. Nun beginnt man die Bewegungsfolge mit dem anderen Bein.

Neue Lebensenergie durch Qi Gong

Das Wissen um die Kräfte der Lebensenergie (Qi) und der Weg (Gong), diese Kräfte zum Fließen zu bringen, basiert vorwiegend auf mündlicher Überlieferung. Die uralte Geheimlehre war im alten China nur den Meistern vorbehalten und wurde ausschließlich ausgewählten Schülern gelehrt. Im kommunistischen China wurde die Lehre des Qi Gong verboten und konnte nur im Verborgenen ausgeübt und weitergegeben werden. Das heutige China hat die heilende Kraft der Qi Gong Methode wieder erkannt und ist ein ausdrücklicher Befürworter des traditionellen Übungswegs.

Die Qi Gong Übungen basieren auf einer ganzheitlichen Methode, man bezeichnet sie auch als Bewegungsmeditation. Die Übungen erhalten die körperliche und geistige Gesundheit. Die polaren Kräfte des Yin und Yang werden in Einklang gebracht, dieses Gleichgewicht sorgt für eine heilende Ausgeglichenheit. Der regelmäßig Übende entdeckt eine nie versiegende Quelle neuer Lebensenergie.

Leben ist Energie – alles, was uns umgibt, besteht aus Energie. Eine Energie, die nie verharrt, die fließt und pulsiert. Lebensenergie – Qi – kann man weder sehen noch konkret erfassen, man kann sie aber erfühlen.

Seine Energien zum Fließen und die Blockaden zum Schmelzen zu bringen, darin besteht das große Geheimnis des Qi Gong. Ein Geheimnis, dessen Weisheit unendliche Kräfte und Möglichkeiten birgt. Seit Jahrtausenden nutzen Menschen Qi Gong zur Verbesserung ihrer Gesundheit. Wie beim Yoga ist der tiefe, bewusste Atem die Säule des Qi Gong. Auch die Vorstellungskraft spielt eine wesentliche Rolle bei der Ausführung der Übungen. So wird beim Einatmen die Aufmerksamkeit auf die verschiedenen Energiezentren gelenkt, sie werden vom Atem durchströmt, beim Ausatmen lässt man die Verspannungen abfließen.

Mit Hilfe eines qualifizierten Lehrers und unter guter Anleitung ist Qi Gong für jedermann, gleichgültig, welchen Alters und in welchem körperlichen Zustand, zu erlernen. Die Übungen bieten eine äußerst wirkungsvolle und zugleich einfache Methode zur Erhaltung der Beweglichkeit und Gesundheit der Wirbelsäule. Es ist ein effektiver und sicherer Weg, ohne Nebenwirkungen, um Rückenschmerzen und Verspannungen ein für alle Mal loszuwerden.

Der Atem

Das Atmen bestimmt den Lebensrhythmus. Die Art und Weise, wie ein Mensch atmet, lässt darauf schließen, in welchem körperlichen und seelischen Zustand er sich befindet. Nervosität und Aufregung lässt den Atem schnell und unregelmäßig werden, ist man hingegen ruhig und gelassen, so fließt auch der Atem gleichmäßig und langsam. Man kann die seelische und körperliche Verfassung durch Konzentration auf den Atem positiv beeinflussen. Eine bewusste Verlängerung der Ausatmung wirkt sich beruhigend auf den gesamten Organismus aus.

Die Yogis haben seit Tausenden von Jahren erkannt, welch unerschöpfliche Kräfte im Atmen liegen. Sie haben vollkommene Techniken entwickelt, die es uns ermöglichen, die heilsamen Auswirkungen der Tiefatmung zu nutzen.

Wussten Sie, dass die meisten Menschen nur ein Drittel ihrer Lungenkapazität nutzen?

Durch eine volle und tiefe Atmung werden das Lungengewebe sowie die Lungenspitzen durchlüftet und von Schlacken gereinigt. Mithilfe der Atmung wird den Millionen winziger Körperzellen, die zusammengenommen unser Leben bedeuten, Sauerstoff zugeführt. Sobald sie nicht genügend Sauerstoff erhalten, schrumpfen sie, werden müde und leblos. Der Alterungsprozess beginnt. Sauerstoff ist ein unerlässlicher

Faktor für alle lebenserhaltenden Prozesse im menschlichen Körper. Tiefe, ruhige Atmung kann den Organismus bei seiner nie endenden Aufgabe, unseren Körper mit Sauerstoff zu versorgen, wesentlich unterstützen. Die verbesserte Aufnahme von Sauerstoff regt den Stoffwechsel an und bewirkt eine Regeneration der Zellen.

Tiefer, langsamer Atem wirkt beruhigend auf das Nervensystem. Die intensive Bauchatmung regt das Verdauungssystem an.

Die Vollatmung

Atmen ist ein unbewusster, natürlicher Vorgang. Die Yogatiefatmung oder Vollatmung macht uns unseren individuellen Atem bewusst. Wie unser Atem auch im Alltag funktioniert, lernen wir durch die Atembeobachtung. Wir erkennen, in welchen Situationen wir flach atmen und welche Auswirkung die flache Atmung auf unser Nervensystem hat.

Ganz deutlich wird dieser Vorgang bei Aufregung und in Stresssituationen. Der Atem geht schnell und flatterhaft, der Puls rast. Bewusste Atmung ermöglicht es dem Menschen, in den Atmungsprozess einzugreifen und ihn zu lenken. Verlangsamtes Ausatmen hat eine nachhaltig beruhigende Wirkung. Normalerweise merken wir gar nicht, dass Luft durch unsere Nase, die Luftröhre und in die Lungen strömt. Die meisten Menschen haben die Angewohnheit, die Luft scharf durch die Nase einzuziehen und den Brustkorb anzuheben. Es entsteht eine flache Atmung, die nur die oberen Schichten des Lungengewebes erreicht.

Die Yogatiefatmung löst einen ganz anderen Vorgang aus:

- Die Nasenlöcher bleiben während des Atemvorgangs passiv, man lässt die Luft sanft ein- und ausströmen.
- Bei der Tiefatmung füllt man zuerst den unteren Teil der Lungen mit Luft, dabei dehnen sich die Flanken zur Seite aus.
- Langsam steigt der Atem in den mittleren Teil der Lungen, ganz von selbst weiten sich die Rippen.
- Zum Schluss erreicht der Atem den oberen Teil der Lungen.
- Auf demselben Weg strömt der Atem wieder aus, obere, mittlere und untere Lunge, dabei ziehen sich die Rippen und Flanken automatisch zusammen. Damit die Lungen vollkommen entleert werden, zieht man ganz am Schluss der Tiefatmung den Bauch ein wenig ein. Man hat dabei das Gefühl, dass sich der Bauchnabel zur Wirbelsäule hin bewegt. Bei diesem aktiven Zusammenziehen des Bauchs und Zwerchfells werden die inneren Organe massiert, Verdauungsprobleme werden wie von Zauberhand verschwinden.

Es ist wichtig, dass während des gesamten Atemzyklus die Ein- und Ausatmung ohne Anspannung und vor allem ohne Pressen fließen kann. Stellen Sie sich vor, ein Glas wird langsam und stetig mit Wasser gefüllt und wieder entleert. Das Brustbein bleibt passiv, nur die Rippen und Flanken weiten sich beim Einatmen aus und ziehen sich beim Ausatmen wieder zusammen. Man kann sich folgendes Bild vorstellen:

Ihr Atem ist eine Welle, die in Ihrem Körper aufsteigt und langsam wieder abrollt, um von der nächsten Welle abgelöst zu werden.

Sorgen Sie bei Ihren Atemübungen für frische Luft, aber vermeiden Sie Zugluft. Tragen Sie bequeme, nicht einengende Kleidung.
Gönnen Sie sich mindestens 2 x am Tag zehn Minuten lang tiefe Atemzüge und tanken Sie auf. Nach einiger Zeit der Übung werden Sie feststellen, dass das tiefe Atmen zu einem natürlichen und unbewussten Vorgang in Ihrem täglichen Leben wird.

Damit der Atem – das Prana – frei und ungehindert strömen kann, halten Sie die Wirbelsäule unbedingt gerade.

Für die Ausführung der Vollatmung werden folgende Yogahaltungen bevorzugt:

1. Savasana, ausgestrecktes Liegen in voller Länge auf dem Boden. Die Mittelachse bildet eine gerade Linie. Die Arme liegen entspannt neben dem Körper, die Handflächen zeigen nach oben. Bei Rückenbeschwerden kann man sich ein kleines Kissen unter das Kreuz schieben. Bei Nackenschmerzen helfen ein gefaltetes Handtuch oder einige Bücher, die man unter den Kopf legt. Weiterhin kann man sich ein Kissen oder eine Rolle unter die Knie schieben, um die Lendenwirbelsäule zu entlasten. Nun lassen Sie sich vom Boden tragen, Sie brauchen nichts mehr festzuhalten. Eine wohltuende Schwere breitet sich im gesamten Körper aus und reduziert jede Art von Schmerz. Der Atem kann jetzt gleichmäßig und entspannt fließen.

2. Padmasana, die Lotushaltung, ist die bekannteste Yogahaltung. Man sitzt mit gekreuzten Beinen, der linke Fuß wird auf den rechten und der rechte Fuß auf den linken Oberschenkel gezogen. Die Fußsohlen zeigen nach oben. Das Gewicht ist gleichmäßig auf beide Gesäßhälften verteilt. Die Hände werden mit den Handflächen nach oben entweder im Schoß ineinander oder auf die Knie gelegt. Rücken und Nacken sind gerade, das Kinn leicht gesenkt, sodass der Blick diagonal nach vorne auf den Boden fällt. Diese Haltung ist für Atemübungen ideal, da sie eine solide, feste Basis für die aufgerichtete Wirbelsäule bietet. Man wächst sozusagen aus der Wirbelsäule heraus und ermöglicht eine tiefe, sanfte Atmung. Die Übung sorgt gleichzeitig für eine Harmonisierung des gesamten Nervensystems und gehört zu den wirkungsvollsten Yoga-Asanas. Allerdings ist für den Anfänger Vorsicht geboten. Man sollte nur äußerst behutsam in diese Yogahaltung hineingehen und zunächst einmal mit dem Schneidersitz beginnen. Es ist auch sehr hilfreich, eine gefaltete Decke oder einen kleinen Schemel unter das Gesäß zu schieben.

Selbstverständlich kann man die Vollatmung auch auf einem Stuhl oder im Stehen üben, solange man darauf achtet, dass der Rücken aufrecht gehalten wird und eine tiefe Entspannung möglich ist.
Bewusste Entspannung kann die Lebensqualität steigern und die Gesundheit positiv beeinflussen. Wie durch ein Wunder ist man weniger müde, leistungsfähiger, kann sich besser konzentrieren und ist schlichtweg gelöster. Selbst größte Hektik wird Sie nicht mehr aus der Ruhe bringen. Lärm und andere unangenehme Geräusche verlieren die nervtötende Dominanz.

Nutzen Sie jede Gelegenheit, die sich Ihnen bietet, um mithilfe einer bewussten, tiefen Atmung eine Entspannungswelle durch den Körper zu lenken. Das geht wunderbar, während man auf den Bus wartet, im Aufzug steht, oder wenn sich gerade ein Leerlauf in Ihrem Tagesablauf ergibt. Auch bei ganz alltäglichen Handlungen kann man ganz kurz innehalten und registrieren, ob gerade bestimmte Muskelpartien angespannt sind oder ob der Körper locker ist und die Energien fließen. Selbst beim Zähneputzen, Fernsehen, bei der Arbeit vor dem Computer oder beim Kartoffelschälen hat man eine tolle Möglichkeit für den kleinen Check-up.

Die Kurzentspannung ist äußerst heilsam und bringt innere Ruhe und Gelassenheit. Praktizieren Sie diese Technik auch vor wichtigen Terminen und Gesprächen. Wenn Sie eine gelassene Ausstrahlung haben, im Kopf und Geist hellwach und konzentriert sind, dann wird der Erfolg nicht ausbleiben. Selbst wenn es nicht immer klappen sollte, lassen Sie sich niemals entmutigen. Wie gesagt: Die Übung macht den Meister und jeder Versuch wird von Nutzen sein. Bewusste Entspannung kann Sie überallhin begleiten. Dafür brauchen Sie weder eine teure Ausrüstung noch müssen Sie einen besonderen Ort aufsuchen, einfach die Augen schließen und die Aufmerksamkeit auf den Atem lenken. Ein ruhiger, gleichmäßiger Atem bringt die Energien zum Fließen.

Übrigens: Bewusste Entspannung verhilft zu einem tiefen und erholsamen Schlaf, wenn sie am Abend vor dem Schlafengehen durchgeführt wird.

Erholung durch gesunden Schlaf

Ein erwachsener Mensch braucht ca. acht Stunden Schlaf, um Körper und Nerven zu regenerieren. Während sich im Schlaf der Mensch erholt und die Muskulatur vollkommen entspannt, arbeiten einige Bereiche des Organismus auf Hochtouren. Die Zellteilung, die Hautgewebe erneuert und repariert, ist im Schlaf doppelt so aktiv wie während des Tages.

Die Durchblutung der entspannten Muskulatur ist verstärkt, Gifte und Schlackenstoffen können besser abtransportiert werden. Das Immunsystem wird angekurbelt und setzt körpereigene Heilungsprozesse in Gang. Die Geschehnisse und Erlebnisse des Tages werden in der Traumphase verarbeitet. Die innere Uhr eines jeden Menschen, die zum größten Teil genetisch festgelegt, also angeboren ist, gibt den Rhythmus dieser körperlichen Funktionen vor. Die unterschiedlichen biologischen Rhythmen ergeben daher den Morgen- bzw. den Abendschläfer. Wenn also jemand gerade dann richtig aufkurbelt und aktiv wird, während seine Mitmenschen längst vor Mitternacht tief schlummern, ist er ein Morgenschläfer. Derjenige, der frühmorgens frisch und munter aus den Federn springt, während man seinen Kollegen, den Morgenmuffel, lieber eine Weile nicht anspricht, ist der Abendschläfer.

Es ist wissenschaftlich erwiesen, dass der beste Schlaf derjenige vor Mitternacht ist. Allgemein wird gesagt, dass die günstigste Zeit, ins Bett zu gehen, um ca. 22 Uhr ist. Um diese Zeit stellt sich ein beruhigendes Schlafbedürfnis ein, das uns auf die Nachtruhe einstimmt.

Was passiert denn nun im Schlaf? Man unterscheidet zwischen zwei Schlafphasen, dem langsamen Schlaf und dem schnellen Schlaf. Der langsame Schlaf, oder der Tiefschlaf, macht zwei Drittel bis zu drei Viertel der gesamten Schlafenszeit aus. In dieser Tiefschlafphase findet die Regeneration des Organismus sowie die Zellteilung statt. Der schnelle Schlaf oder auch die REM-Phase genannt, wechselt sich bis zu fünfmal während des gesamten Schlafs mit der Tiefschlafphase ab.

Die Abwechslung der beiden Phasen bezeichnet man auch als Wellenbewegungen, die mithilfe von Elektroden messbar sind. Während der REM-Phase wird besonders viel geträumt. REM heißt – Rapid Eye Movements – es kommt während der Traumphase zu schnellen Augenbewegungen, da wir auch optisch träumen.

Die REM- oder Traumphase sorgt für eine Erholung des Gehirns. Die Regenerations- und Wachstumsprozesse der Gehirn- und Nervenzellen sind in dieser Phase besonders begünstigt. Die Schlaftiefe nimmt gegen Ende der gesamten Schlafenszeit ab, während die Traumlänge zunimmt. Nach sieben bis acht Stunden Schlaf kehrt man wieder in das Tagesbewusstsein zurück.

Schlaf ist ein Vorgang, der sich ganz von allein einstellt, der Schlaf kommt über einen, man braucht nichts dafür zu tun. Vorausgesetzt, man lässt es geschehen und kann sich der süßen Schwere hingeben.

Die natürliche Fähigkeit, bei Müdigkeit zu schlafen, ist angeboren und dennoch leiden erschreckend viele Menschen an Schlaflosigkeit oder Schlafstörungen. Die Ursachen sind sehr vielschichtig, sie reichen von kurzfristigen nervösen Anspannungen, wie Lampenfieber und Aufregung, bis hin zu Umweltbelastungen in Form von Lärm und körperlichen Störfeldern, die einen gesunden Schlaf verhindern. Auch die ständige Überreizung der Sinne, Sorgen und unbewältigte Probleme, z.B. in der Partnerschaft, kann zu chronischen Schlafstörungen führen. Hormonell bedingte Veränderungen, z.B. bei Frauen in den Wechseljahren, können vorübergehend Schlafstörungen verursachen. In jedem Fall sind chronische Schlafstörungen sehr ernst zu nehmen, denn ständiger Schlafmangel macht krank.

Was ist also zu tun, wenn man Nacht für Nacht schlaflos im Bett verbringt? Vor einer regelmäßigen Einnahme von Schlafmitteln sei eindringlich gewarnt. Man gerät sehr schnell in die Falle der Abhängigkeit und muss bei längerer Einnahme zunehmend die Dosis erhöhen, damit sich der gewünschte Schlaf einstellt. Durch die Einnahme von chemischen Schlafmitteln werden die Traumphasen erheblich verkürzt, somit kommt es zu keiner Erholung und Regeneration der Gehirnzellen. Man fühlt sich am darauf folgenden Tag müde, gereizt und unkonzentriert.

Den besten Weg, einen erholsamen, gesunden Schlaf wiederzuerlangen, bieten die bewährten Hausmittel.

- Lenken Sie den rastlosen, aktiven Geist in ruhige Bahnen und sorgen Sie für Entspannung, z.B. durch Autogenes Training oder Yoga.

- Hören Sie abends beruhigende Musik oder lesen Sie entspannende Lektüre, das wird Sie schläfrig machen.
- Ein Glas Rotwein oder ein Bier kann die notwendige Bettschwere herbeiführen. Warme Milch mit Honig und Gewürzen wie Ingwer und eine Prise Kardamom ist ein unschlagbarer Schlummertrunk.
- Baldriantee ist ein sehr effektives Schlafmittel aus der Kräuterküche, dazu zählt auch ein Tee aus Lavendelblüten, Hopfen und Melisse. Sie werden wie ein Stein schlafen können.
- Ein warmes Bad mit Kräuterzusätzen aus Melisse, Lavendel und Hopfen kann sehr hilfreich sein.
- Ein warmes Fußbad und eine anschließende sanfte Fußmassage sorgt für Entspannung und beruhigt den Geist.
- Ein kleiner Abendspaziergang an der frischen Luft kann sich schlaffördernd auswirken. Auch tiefe und ruhige Atemzüge am offenen Fenster können Wunder wirken.
- Sanfte Düfte, z.B. aus Rosenholz, Basilikum und Nelken, haben eine beruhigende Wirkung auf das vegetative Nervensystem.

Nehmen Sie abends keine schweren Mahlzeiten zu sich, verzichten Sie auf Fleisch und essen Sie lieber leicht verdauliche Gemüsegerichte, Suppen oder Brot.

Nehmen Sie Ihr Schlafumfeld in Augenschein und versuchen Sie, möglichst alle Störfelder zu beseitigen.

1. Ist das Schlafzimmer ruhig gelegen oder wird Ihr Schlaf durch Verkehrslärm beeinträchtigt?

2. Steht das Bett an einer Außenwand, sodass die Gefahr von Feuchtigkeit und Schimmelbildung besteht?
3. Ist das Schlafzimmer überheizt, die Luft zu trocken, sodass die Schleimhäute gereizt sind und austrocknen?
4. Ist der Schlafraum gut gelüftet und können Sie bei geöffnetem Fenster schlafen, ohne dass Zugluft entsteht?
5. Besteht eventuell eine chemische Belastung der Raumluft durch Farben, Lacke, Teppichböden oder Pressspanplatten? Giftige Ausdünstungen können schwere gesundheitliche Schäden verursachen, besonders im Schlafzimmer, da die Atmung im Schlaf viel tiefer ist.
6. Schlafen Sie auf einer für Sie geeigneten Matratze?
7. Besteht Ihre Bettwäsche aus Naturfasern wie Baumwolle, Leinen oder Seide? Die Bettdecke sollte möglichst leicht und atmungsaktiv sein.
8. Befinden sich elektrische Felder im Schlafzimmer, verursacht z.B. durch Elektrogeräte und Leitungen, die sich unmittelbar am Bett befinden? Auch auf Erdmagnetfelder kann der Körper sehr sensibel reagieren und der Schlaf gestört werden.

Schmerzen und Erkrankungen können auch Ursache von Schlafstörungen sein, in diesem Fall sollten Sie umgehend den Rat eines Arztes einholen.

Schleppen Sie Ihre Alltagsprobleme nicht mit ins Bett. Konflikte, Sorgen, Ärger und Ängste sind absolute Schlafkiller. Versuchen Sie, Abstand zu Ihrem Tagesgeschehen zu gewinnen, indem Sie sich mit einem harmonischen Abend vom Tag erholen. Verwöhnen Sie sich mit einem duftenden Schaumbad oder tauchen Sie ein in die Welt eines faszinierenden Kinofilms. Nehmen Sie den spannenden Krimi zur Hand oder überlassen Sie sich den sanften Klängen einer Sinfonie. Schalten Sie ab, genießen Sie die Ruhe und lassen Sie Hektik und Alltagsstress hinter sich. Wenn Konflikte Sie bedrücken und nicht zur Ruhe kommen lassen, kann ein klärendes Gespräch mit dem Partner oder mit Freunden Spannung abbauen.

Eine bewährte Methode, um sich Luft zu verschaffen, ist das Aufschreiben. Schreiben Sie sich Ihren Ärger von der Seele. Das kann man zum Beispiel in Form eines Tagebuchs geschehen oder man legt sich ein kleines Seelenbüchlein zu, dem man seinen ganzen Kummer anvertraut. Das Entrümpeln nagender Unwichtigkeiten verschafft Überblick und Gelassenheit, alles rückt wieder in eine angemessene Relation. Mit kleinem Abstand sehen die Dinge nicht mehr so dramatisch aus und man findet viel leichter Lösungen für Probleme.

Meditation ist ein Weg, der sich großartig eignet, eine gelassene und positive Lebensansicht zu erlangen. Auch Sie können sie erlernen und das Beste daran ist, es kostet nichts außer etwas Zeit und Disziplin. Der gesundheitliche Nutzen und die wertvollen geistigen Veränderungen, die man mit Meditation erreichen kann, sind unbezahlbar. Zu sich kommen und Kraft tanken für den Alltag, indem man in eine lebendige Stille eintritt, das ist Meditation.

Mal ehrlich, wie oft haben Sie heute gelacht? Lachen ist Medizin! An diesem Slogan ist tatsächlich was dran. Lachen bringt nicht nur gute Laune, es entspannt, erfrischt und kurbelt das Immunsystem an. Lachen, vor allem über sich selbst, ist eine geniale Methode, um Stress abzubauen und Gelassenheit zu üben. Lachen Sie, so oft sich Ihnen eine Gelegenheit bietet, denn wer herzhaft lachen kann, lebt gesünder.

In einer Zeit, in der Verwirrung, Stress und Chaos zu einem festen Bestandteil des täglichen Lebens geworden ist, scheint die Freude am Leben abhanden gekommen zu sein. Ein Leben voller Freude und Gesundheit, wie sieht das aus? Wie viel Platz räumen Sie der Freude in Ihrem Leben ein? Sind es die vielen kleinen und großen Aspekte des Lebens, die Sie genießen oder verschieben Sie Freude und Spaß auf das Wochenende beziehungsweise den Urlaub?

Es ist nur ein kleiner Schritt, eine winzige Entscheidung, der Ihr Leben auf wundervolle Weise verändern kann. Überlassen Sie die Verantwortung über Ihr Wohlbefinden nicht mehr allein den Ärzten oder Therapeuten, nehmen Sie es selbst in die Hand und entscheiden Sie sich für ein Leben in Freude und Gesundheit. Vielleicht befinden Sie sich gerade in einer tiefen Krise, sind krank und deprimiert? Machen Sie diesen Moment zu einem Wendepunkt in Ihrem Leben und beginnen Sie jetzt, die Leiter wieder nach oben zu klettern. Jeder Einzelne von uns ist dazu befähigt, seine inneren Heilkräfte zu mobilisieren und für sich arbeiten zu lassen. Indem Sie Ihre Energien in Einklang bringen, werden Sie Freude und Gesundheit erfahren.

Machen Sie sich auf den Weg, Wohlbefinden für Körper und Geist zu finden. Ein Wohlbefinden, das zu Ihrem täglichen Leben gehören wird und kein Ausnahmezustand mehr ist.

Übungsteil

Dieses Kapitel bietet Ihnen ein kleines Programm an Übungen, die Sie jederzeit für sich zu Hause durchführen können. Die beste Zeit dafür ist morgens vor dem Frühstück. Ist man in Eile, so kann man sich ein Kurzprogramm zusammenstellen, da eignet sich zum Beispiel hervorragend der Sonnengruß (siehe Seite 148-152). Selbstverständlich kann man das Üben auch auf eine andere Tageszeit verlegen, wichtig ist dabei nur, dass man regelmäßig übt und nicht mit vollem Magen. Einige der Übungen wurden aus dem Yoga und dem Qi Gong abgeleitet. Sie sind ideale Muntermacher für den Morgen und bringen Erfrischung im Laufe des Tages, wenn sich Müdigkeit bemerkbar macht.

Haben Sie Geduld mit sich selbst und freuen Sie sich über Ihre Fortschritte.

Probieren Sie die Übungen aus: Nach kurzer Zeit werden Sie feststellen, welche Ihnen besonders gut tun. Machen Sie Ihre Lieblingsübungen zu einer Gewohnheit, so wird es Ihnen leichter fallen, Ihr tägliches Programm durchzuhalten.

Alles, was für Ihr Übungsprogramm gebraucht wird, ist ein wenig Zeit, ein gut durchlüfteter Raum, eine Übungsmatte oder eine Wolldecke, ein Handtuch sowie ein Paar Hanteln von je einem Kilogramm. Tragen Sie bequeme Kleidung und keine Schuhe. Üben Sie in einem Raum, in dem Sie ungestört sein können. Fangen Sie mit den einfachsten Übungen an und steigern Sie langsam Ihr Programm. Versuchen Sie nicht, alles auf einmal zu machen. Es gilt der Grundsatz: weniger ist mehr.

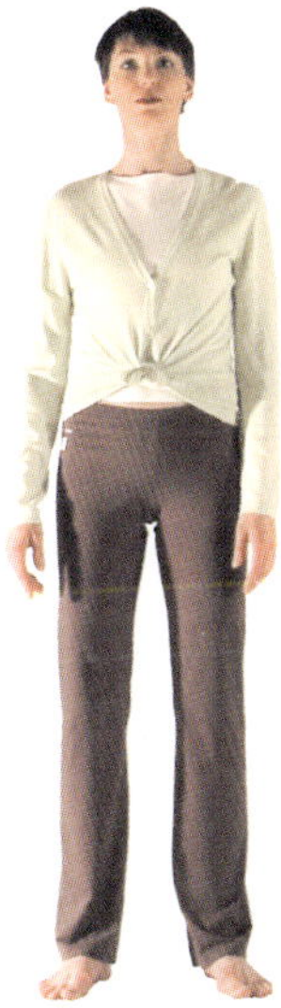

1. ATEMÜBUNG

Ausgangsposition

Stellen Sie sich auf die Übungsmatte oder Decke, die Füße stehen hüftbreit auseinander und die Zehen sind leicht nach außen gerichtet. Die Knie sind nicht ganz durchgestreckt. Der Rücken ist aufgerichtet, entspannen Sie den unteren Lendenwirbelbereich, indem Sie sich vorstellen, ein kleines Gewicht unten am Steißbein einzuhängen. Die Schultern sind entspannt, die Arme hängen neben dem Körper und der Blick geht geradeaus. Lassen Sie Ihren Atem ruhig fließen und ziehen Sie beim Ausatmen den Bauchnabel in Richtung Wirbelsäule.

1. Stellen Sie sich vor, wie die Lebensenergie durch den gesamten Körper fließt und alle Muskeln entspannt. Spüren Sie nach, wo eventuell Verspannungen auftreten und lassen Sie an diesen Stellen bewusst los.
2. Gehen Sie mit Ihrer Aufmerksamkeit zu den Füßen und spüren Sie die Energie, die aus dem Boden in Ihre Füße, durch die Beine, den Rücken hoch in den gesamten Körper hineinfließt.
3. Atmen Sie ein und heben Sie die Arme seitlich bis in Schulterhöhe.

4. Beim Ausatmen die Arme mit angewinkelten Handflächen senken, dabei zeigen die Fingerspitzen zur Decke. Vergessen Sie nicht, beim Ausatmen den Nabel in Richtung Wirbelsäule zu ziehen.

5. Mit dem nächsten Atemzug machen Sie genau das Gleiche, nur, dass die Arme dieses Mal etwas höher geführt werden und zwar zeigen sie nun diagonal nach oben. Versuchen Sie, die Schultern unten zu lassen. Das Ausatmen dauert jetzt etwas länger, da der Weg ein wenig weiter ist. Die Arme, wie oben beschrieben, herunterführen.

6. Das dritte Mal berühren sich die Handflächen über dem Kopf. Beim Ausatmen drehen Sie die Handflächen nach außen und führen die Arme, wie oben beschrieben, langsam nach unten. Die Arme bleiben durchgestreckt.

Wiederholen Sie die Übung 3 x. Die Übung wird sehr langsam ausgeführt.
Eine wunderbare Übung, um den Tag zu beginnen. Sie bringt neue Lebensenergie und versorgt den Organismus mit Sauerstoff. Verspannungen werden aufgelöst und der Stoffwechsel wird angeregt.

2. Übungen zur Lockerung der Wirbelsäule

Übung A

1. Stellen Sie sich auf, wie in Übung 1 beschrieben. Konzentrieren Sie sich einige Minuten auf diese Haltung und Ihren Atem.

2. Stellen Sie sich nun eine Welle vor, die sanft Ihre Wirbelsäule bewegt. Beginnen Sie mit dem Steißbein, das sich mit einer kleinen Wellenbewegung vor und zurück bewegt.

3. Lassen Sie die Welle größer werden und die ganze Wirbelsäule einschließlich Nacken und Kopf mitbewegen. Lassen Sie die Bewegung fließend und rund werden, wenden Sie keine Kraft an.

4. Schließlich wird die Welle wieder kleiner und kehrt zurück zum Steißbein, bevor sie verebbt. Der Atem durchströmt die Wirbelsäule.

Übung B

1. Ausgangsposition ist wie in Übung 1. Auch bei dieser Übung beginnt man am Steißbein. Statt einer Wellenbewegung, die vor und zurück geht, machen wir jetzt eine Pendelbewegung von Seite zu Seite.
2. Langsam wird die Bewegung größer und man lässt den Körper hin- und herwiegen, ohne dabei Kraft zu verwenden. Stellen Sie sich vor, ein Baum zu sein, der vom Wind sanft hin- und hergeschaukelt wird. Die Knie bleiben locker und lassen sich ganz natürlich vom Pendeln mit erfassen. Auch die Arme schwingen mit, ohne geführt zu werden. Achten Sie darauf, dass Sie während der Übung nicht ins Hohlkreuz rutschen.
3. Die Bewegung gelangt bis zum obersten Halswirbel und steigt dann langsam ab bis zum Steißbein.
4. Nach dem Auspendeln lassen Sie den Atem fließen und genießen das herrlich leichte Gefühl, das sich über den gesamten Rücken ausbreitet.

Übung C

1. Ausgangsposition wie in Übung 1. Beginnen Sie wieder beim Steißbein, das dieses Mal eine kleine Drehbewegung nach hinten macht. Man schwingt sanft rechtsherum, um hinter sich zu blicken, dann nach links usw.
2. Die Bewegung wird wie bei den vorherigen Übungen immer größer. Arme, Kopf und Beine schwingen locker mit. Die Spiralbewegung lässt Wirbel für Wirbel mitdrehen, die Wirbelsäule dreht sich um die eigene Achse. Beugen Sie leicht das Knie, von dem Sie wegdrehen und achten Sie auch hier auf ein eventuelles Hohlkreuz.
3. Stellen Sie sich jeden einzelnen Wirbelkörper wie Perlen auf einer Schnur vor, durch die neue Lebensenergie hindurchfließt. (Die Übungen können beliebig wiederholt werden.)

3. Große Rückenrolle

1. Die Ausgangsposition ist wie in Übung 1 beschrieben, Sie stehen mit aufrechtem Rücken, die Füße sind hüftbreit aufgestellt.

2. Atmen Sie ein und ziehen Sie die Schultern über vorne in Richtung Ohren.

3. Beim Ausatmen senken Sie die Schultern und beugen sich, angefangen mit dem Kopf, Wirbel für Wirbel nach vorne. Die Knie sind leicht gebeugt, die Arme hängen entspannt. Beugen Sie sich so weit vor, wie es Ihnen möglich ist, ohne dass etwas wehtut. Die Wirbelsäule beschreibt einen großen Bogen.

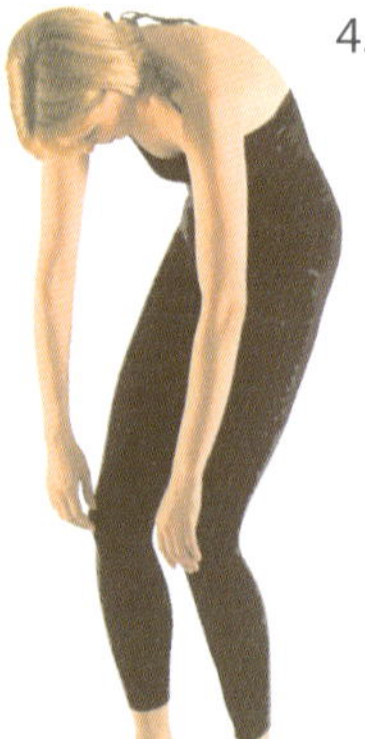

4. Beugen Sie jetzt weich die Knie und rollen Sie die Wirbelsäule wieder nach oben hin auf. Wirbel für Wirbel, die Knie bleiben gebeugt.

Die Übung wird fließend wie eine Welle ausgeführt. Wichtig ist das langsame Ein- und Ausatmen. Machen Sie die gesamte Übung 3-6 x. Eine wundervoll belebende Übung, bei der die gesamte Wirbelsäule entspannt und beweglich wird.

5. Mit dem Aufrichten des Kopfs heben Sie die Arme seitlich nach oben, so, als wollten Sie den ganzen Erdball umfassen, atmen Sie dabei tief ein, die Knie sind immer noch gebeugt.

6. Erst wenn der gesamte Rumpf aufgerichtet ist und die Arme über dem Kopf angekommen sind, strecken Sie die Knie. Die Handflächen sind übereinander und zeigen nach unten.

7. Mit dem Ausatmen drücken Sie die Hände vor dem Körper weiter nach unten, bis sie durchgestreckt sind. Stellen Sie sich dabei vor, dass Sie neue Energie in Ihren Körper hineinströmen lassen.

4. Übungen für den Rücken

Übung A

1. Ausgangsposition: Legen Sie sich mit angewinkelten Knien auf den Rücken, die Füße hüftbreit auseinander und flach auf dem Boden, die Arme ruhen entspannt neben dem Körper.
2. Atmen Sie ein und langsam wieder aus, dabei ziehen Sie den Bauchnabel in Richtung Wirbelsäule und drücken gleichzeitig den unteren Lendenwirbelbereich in den Boden.
3. Lassen Sie die untere Rückenmuskulatur arbeiten. Halten Sie einige Sekunden die Spannung, danach lösen. Die Füße bleiben während der Übung flach aufgestellt. Die Übung kräftigt die gesamte Beckenbodenmuskulatur und den unteren Rücken. Wiederholen Sie die Übung 10 x und gehen Sie dabei langsam vor.

Übung B

1. Die gleiche Ausgangsposition: Atmen Sie ein und heben Sie nur das Steißbein und die unteren Lendenwirbel ein wenig vom Boden ab. Die Bewegung ist klein.
2. Beim Ausatmen senken Sie behutsam das Becken. Mindestens 10 x wiederholen.

Die Übung stärkt den Lendenwirbelbereich und die Beckenmuskulatur.

Übung C

1. Ausgangsposition wie bei Übung A einnehmen: Einatmen und beim Ausatmen das Becken, so hoch es geht, anheben, ohne dabei die Füße vom Boden zu lösen, die bleiben flach auf dem Boden aufgestellt.
2. Halten Sie die Position und atmen Sie ein.
3. Beim Ausatmen Rücken senken und Wirbel für Wirbel ablegen. Der Bauchnabel zieht bewusst in Richtung Wirbelsäule. Wiederholen Sie die Übung 10 x.

Übung D

1. Ausgangsposition wie Übung A, nur, dass Sie sich diesmal ein gefaltetes Handtuch oder ein kleines Kissen zwischen die Knie klemmen. Einatmen und beim Ausatmen das Becken anheben, wie oben beschrieben.

2. Bleiben Sie in dieser Position und atmen Sie ein.

3. Beim Ausatmen ziehen Sie den Nabel zur Wirbelsäule und gleichzeitig die Arme über vorne und oben hinter den Kopf.

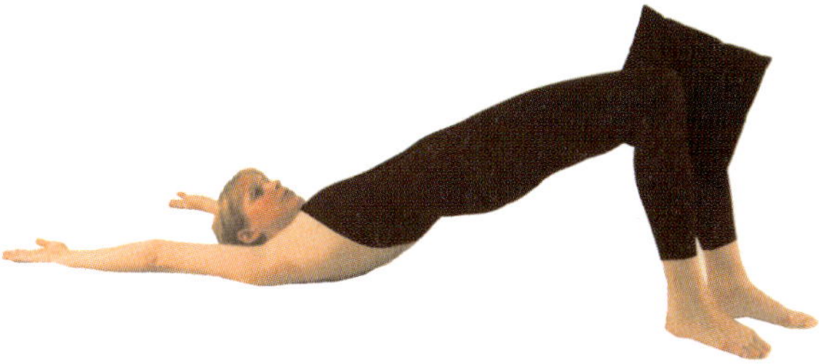

4. Wieder einatmen, dann langsam ausatmen, dabei den Rücken Wirbel für Wirbel auf den Boden ablegen. Die Arme bleiben weit hinter dem Kopf gestreckt auf dem Boden.

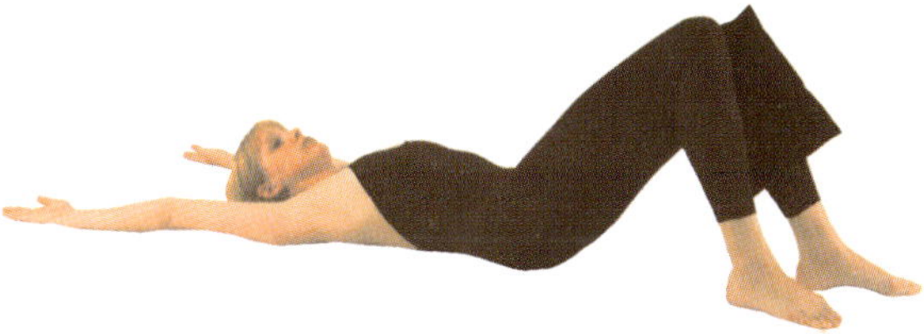

5. Wieder einatmen und mit dem Ausatmen die Arme über vorne in die Ausgangsposition senken. Die Übung wird langsam und fließend ausgeführt und 3-6 x wiederholt.

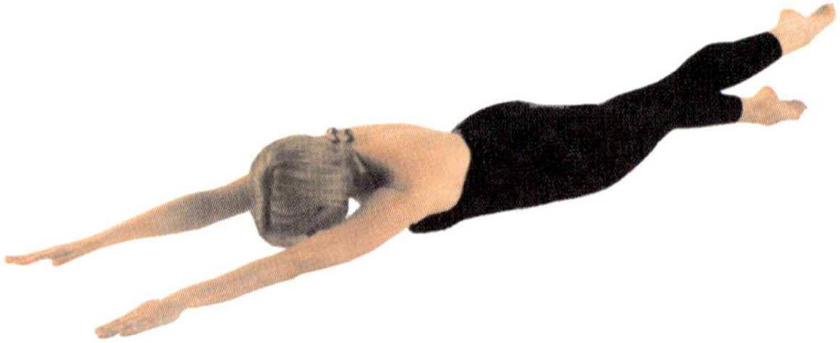

Übung E

1. Legen Sie sich auf den Bauch, die Arme und Beine sind entspannt ausgestreckt. Die Stirn liegt auf dem Boden auf. Achten Sie während der Übung streng darauf, dass Sie nicht ins Hohlkreuz kommen.
2. Atmen Sie ein.
3. Ausatmen und das rechte Bein und den linken Arm ein klein wenig anheben, aber nur so weit, bis der Arm weit nach vorne und der Fuß weit nach hinten gestreckt ist. Auch der Kopf wird leicht angehoben. Es ist eher ein Ausstrecken als Anheben. Ziehen Sie sich nach vorne beziehungsweise nach hinten regelrecht auseinander.
4. Beim Einatmen Bein und Arm senken.
5. Mit dem nächsten Ausatmen kommt die andere Seite dran.
   Machen Sie die Übung in einem fließenden Wechsel und achten Sie unbedingt darauf, dass Sie Bein und Arm nicht zu hoch anheben, sondern sich lang ausstrecken. Wiederholen Sie die Übung 10 x.

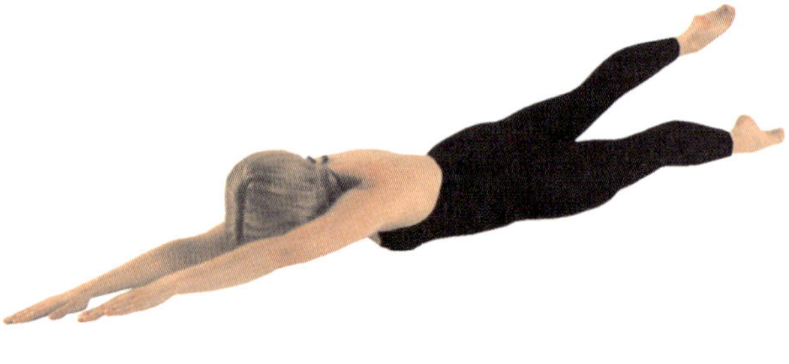

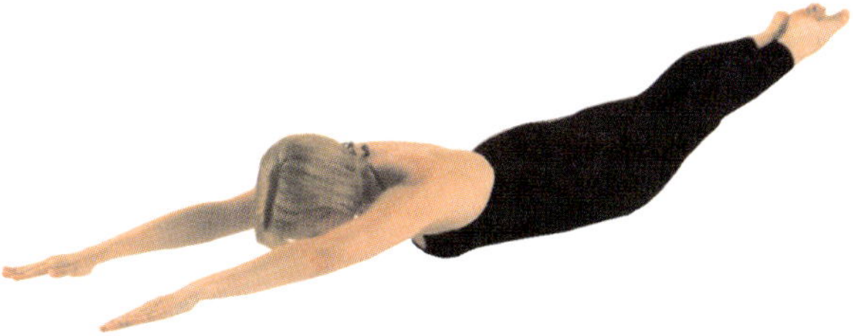

Übung F

1. Die Ausgangsposition ist wie bei der vorhergehenden Übung in der Bauchlage. Einatmen, beim Ausatmen gleichzeitig Arme, Beine und Kopf leicht anheben, sodass Sie in eine Waagerechte kommen.
2. Strecken Sie sich, so lang Sie können, fühlen Sie die weit gestreckte Linie und senken Sie den Körper mit dem Einatmen. 10 x wiederholen, danach entspannen.

Übung G

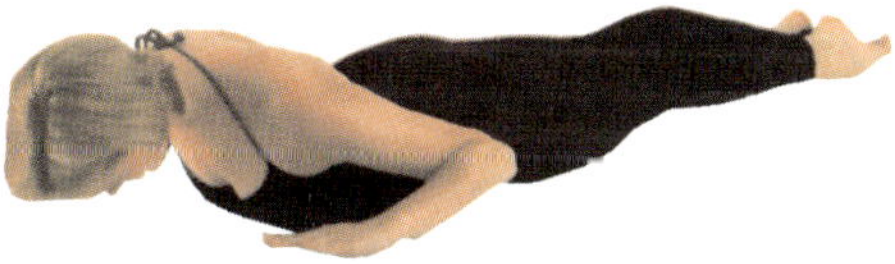

1. Ausgangsposition ist die Bauchlage, die Arme liegen angewinkelt neben dem Körper. Einatmen und beim Ausatmen erst die Gesäßmuskulatur kräftig anspannen, dann den Oberkörper und den Kopf etwas vom Boden abheben. Gleichzeitig die Ellbogen so weit wie möglich nach hinten ziehen, sodass die Schulterblätter stark zusammengezogen werden.
2. Beim Einatmen legen Sie den Oberkörper entspannt ab. Wiederholen Sie die Übung 15 x. Hierbei handelt es sich um eine besonders kräftigende Übung für Rücken und Schultern und mit regelmäßiger Anwendung hilft sie bei Rückenbeschwerden. Wichtig ist, dass Sie nie vergessen, zuerst die Beckenmuskulatur anzuspannen, bevor Sie den Rücken heben.

5. Übungen zur Stärkung der Bauchmuskulatur

Übung A

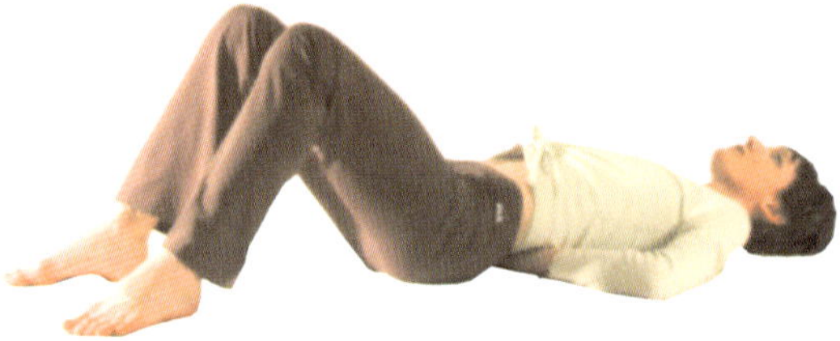

1. Ausgangsposition ist die Rückenlage mit angewinkelten Knien, die Hände sind oberhalb des Beckens unter dem Rücken platziert (in der Rückenkuhle).
2. Atmen Sie ein und drücken Sie sich gleichzeitig mithilfe der Hände vom Boden ab, sodass Sie in die Sitzposition kommen. Der Rücken ist gerade, die Arme durchgedrückt und die Fingerspitzen zeigen zueinander.
3. Mit dem Ausatmen lassen Sie sich nun langsam Wirbel für Wirbel auf den Boden zurückgleiten. 10 x wiederholen.

4. Anspruchsvoller wird die Übung, wenn Sie beim Hochkommen auch die Beine mit anheben, sodass Sie in die Schwebehaltung kommen. Beim Ausatmen die Füße absetzen und, wie beschrieben, den Rücken abrollen lassen. Dies ist eine hervorragende Übung, um die Bauch- und Rückenmuskulatur zu kräftigen und die Wirbelsäule zu entlasten.

Übung B

1. Ausgangsposition ist die Rückenlage, die Knie sind gebeugt, die Füße sind angewinkelt und die Fersen fest in den Boden gedrückt. Fußspitzen zeigen schräg nach außen, die Hände sind hinter dem Kopf verschränkt.
2. Einatmen und mit dem Ausatmen den Oberkörper mit Unterstützung der Arme anheben. Der Nacken bleibt entspannt. Ziehen Sie bei dieser Aufwärtsbewegung bewusst den Bauchnabel zur Wirbelsäule.
3. Mit dem Einatmen rollen Sie sich wieder ab. Man braucht nicht sehr hoch zu kommen, um die Bauchmuskulatur effektiv zu trainieren. Wichtig ist, dass die Bewegung niemals ruckartig ausgeführt wird und dass man nur mit der Bauchmuskulatur arbeitet. Ziehen Sie beim Hochkommen immer das Kinn ein. Ca. 10 x wiederholen.

Übung C

1. Es ist fast die gleiche Übung wie in B beschrieben, nur dass Sie beim Hochkommen einmal in Richtung rechtes Knie zielen und nach 5-10 x in die linke Richtung gehen.
2. Die Übung wird etwas anspruchsvoller, wenn Sie einen Fuß auf das angewinkelte Knie stellen und wie vorher, schräg in Richtung des aufgestellten Beins, hochkommen.

Übung D

1. Ausgangsposition ist die Rückenlage, die Hände sind hinter dem Nacken verschränkt und die Beine sind im 90°-Winkel nach oben gestreckt, wobei die Knie leicht angewinkelt sind und die Füße sich in der Mitte überkreuzen.
2. Beim Ausatmen mit dem Oberkörper und eingezogenem Kinn hochkommen und wie in den anderen Übungen genau darauf achten, dass der Nabel zur Wirbelsäule zieht. Diese Übung zielt sehr wirkungsvoll auf die tiefen Bauchmuskeln. Machen Sie die Übung in Kombination mit den anderen Varianten 10 x.

Übung E

Ausgangsposition wie in Übung D beschrieben, die Arme liegen neben dem Körper. Mit dem Ausatmen heben Sie das Becken an. Im Wechsel, ca. 20 x anheben und ablegen. Die Übung trainiert die Bauch- und untere Rückenmuskulatur.

Übung F

1. Ausgangsposition ist die Rückenlage. Ein Bein mit angewinkeltem Knie, Fuß flach auf dem Boden. Das andere Bein wird in einer kleinen Diagonale ausgestreckt in der Luft gehalten, der Fuß ist angewinkelt (Zehen zeigen zur Decke). Die Arme liegen neben dem Körper.
2. Mit dem Ausatmen ziehen Sie den Bauchnabel zur Wirbelsäule und kommen mit eingezogenem Kinn und dem entgegengesetzten Arm hoch in Richtung Ihres ausgestreckten Beins. Beginnen Sie mit 5 x pro Seite und steigern Sie nach und nach Ihr Pensum von 3-15 x. Diese Übung ist nicht leicht und erfordert ein wenig Durchhaltevermögen, zur Belohnung erhalten Sie eine wunderschöne Taille, da hier die schrägen Bauchmuskeln trainiert werden.

6. Übung zur Stärkung und Entspannung der Schulter- und Nackenmuskulatur

1. Diese Übung wird im Sitzen oder im Stehen ausgeführt. Der Rücken ist aufrecht, die Arme hängen entspannt neben dem Körper.

2. Atmen Sie ein und heben Sie die Arme gestreckt und über vorne nach oben.

3. Atmen Sie aus und verschränken Sie die Hände hinter dem Nacken. Dabei drücken Sie leicht mit dem Hinterkopf gegen die Hände, sodass Sie eine Dehnung im oberen Schultergürtel und unter den Schulterblättern spüren.

4. Atmen Sie ein und ziehen Sie die Ellbogen weit nach hinten, sodass die Schulterblätter zusammengedrückt werden.

5. Atmen Sie aus, verschränken Sie die Hände vor dem Oberkörper und strecken Sie die Arme so weit vor, wie es geht. Dabei wird der Rücken oben rund, das Kinn senkt sich auf das Brustbein. Genießen Sie die Dehnung des oberen Rückens und strecken Sie sich lang nach vorne.

6. Einatmen, den Rücken aufrichten und die Arme wieder nach oben strecken. Übung 3-6 x wiederholen. Zum Schluss Ihrer Übungsreihe senken Sie die Arme in die Ausgangsposition.

7. Übungen für die Brust- und Armmuskulatur

Übung A

1. Ausgangsposition ist die Rückenlage mit angewinkelten Knien, die Füße sind flach auf dem Boden aufgestellt. Nehmen Sie in jede Hand ein Gewicht und halten Sie die Arme vor dem Oberkörper in einem ovalen Bogen (nicht ganz gestreckt). Die Hände sind auf Höhe des Brustbeins.
2. Einatmen und die Arme zur Seite öffnen, die Ellbogen bleiben leicht gebeugt, die Arme behalten während der gesamten Übung die gerundete Form.
3. Atmen Sie aus, denken Sie an den Bauchnabel und führen Sie die Arme wieder in die Ausgangsposition zurück. Bleiben Sie mit den Armen immer auf Brustbeinhöhe. Wiederholen Sie die Übung 10-40 x.

Übung B

1. Ausgangsposition wie oben. Nehmen Sie ein Gewicht in beide Hände und heben Sie die Arme in einem ovalen Bogen über die Brust. Einatmen und beim Ausatmen die Arme hinter den Kopf führen, behalten Sie die gerundete Armposition bei. Der Bauchnabel wird beim Ausatmen zur Wirbelsäule hin eingezogen. Einatmen und zur Ausgangsposition zurückkehren. Vermeiden Sie Überanstrengung und steigern Sie langsam Ihr Übungsprogramm. Sie können diese Armübungen zuerst ohne Gewicht machen, bis die Arme kräftiger geworden sind.

8. Entspannungsübung

Zum Abschluss Ihres Übungsprogramms sollten Sie eine Entspannungsübung machen.

1. Strecken Sie sich auf Ihrer Übungsmatte lang aus, umfassen Sie Ihr rechtes Handgelenk, atmen Sie ein und dehnen Sie beim Ausatmen die ganze rechte Seite. Der Fuß zieht nach unten, die Hand lang nach oben. Wiederholen Sie das Gleiche zur anderen Seite. 4 x wiederholen, danach alle Muskeln loslassen und entspannen.

2. Nehmen Sie einen Stuhl oder einen Hocker zu Hilfe, legen Sie sich auf den Rücken, Ihre Beine ruhen auf dem Stuhl, und zwar so, dass das Becken auf dem Boden ruht und der Stuhl unter die Kniekehlen geschoben wird. Die Hände liegen auf dem Unterbauch, Finger zeigen zueinander und die Ellbogen berühren den Boden. Lassen Sie die Rückenmuskulatur in den Boden sinken und genießen Sie die Entspannung.

LITERATUR

BANKHOFER, K.: So hilft und heilt die Natur, München 1982.

BULL, A.: Biken lernen, Bad Oeynhausen 1995.

BERUFSVERBAND DEUTSCHER YOGALEHRER: Der Weg des Yoga, Petersberg 1994.

DARGATZ, T./ KOCH, A.: Aqua Fitness, 3. Auflage, München 2000.

DARGATZ, T.: Joggen – Das ideale Fitness-Training, München 2001.

DIEM, C.: Tipps für Laufanfänger, Aachen 2000.

FABER, S.: Natürlich schön, München 1981.

FOEN TIOENG, L.: 10 Minuten QI GONG, Niedernhausen 1998.

FREITAG,W.: Schwimmen, 16. Auflage, Reinbek bei Hamburg 2000.

FREIWALD, J.:Aufwärmen im Sport, 6. Auflage Reinbek bei Hamburg 2001.

GAWLER, I.: Die Mitte finden, Wuppertal 1988.

GEIGER, L.: Ausdauertraining, 3. Auflage, München 2001.

GIEHRLI, J.: Richtig Schwimmen, München 1981.

HINGST, W.: Zeitbombe Kosmetik, Wien 1985.

KASENDAL.: Fünf Elemente des Qi Gong, München 2000.

NORTHRUP, C.: Frauen-Körper-Frauen-Weisheit, München 1995.

ÖKO-TEST: Ratgeber Kosmetik, Reinbek bei Hamburg 1990.

PAUL, G.: Aerobic-Training, Aachen 2000.

PETERSEN, E.: Das Yoga Übungsbuch, München 1995.

POLET-KITTLER, H.: Tipps für Yoga, Aachen 2001.

PFEIFFER, H.: Schwimmen. Training im Verein, Berlin 1993.

ROBINSON, L./THONSON, G.: Pilates Workout, München 1999.

SHAFOMAN, S.: Die Feldenkrais Schule, München 2000.

SELBY, A./ HERDMAN, A.: Das große Buch Pilates, München 2000.

SCHEITHAUERF./REHLE, E.: Mit Qi Gong die Lebensenergie stärken, München 1997.

SCHMIDT, A.: Tipps für Radsport, Aachen 2000.

SCHMIDT, A.: Indoor Cycling, Aachen 2001.

SCHUBA, V.: Aktiv contra Cellulite, Aachen 1999.

STEFFNY, H./PRAMANN, U.: Perfektes Lauf Training, München 2000.

TRÖEKES, A.: Das Grosse Yogabuch, München 2000.

WESSINGHAGE, T.: Lauftechnik, München 2001.

Bezugsquelle für die Kosmetik zum Selbstmachen:

Zentrale/Fa. Spinnrad, Tel.: 02 09/17 00 00

E-Mail: info@spinnrad.de http://www.spinnrad.de

DANKSAGUNGEN

Die Autorin möchte sich bei den folgenden Personen für ihre Mitarbeit bei der Fertigstellung dieses Buches bedanken:

Lizzie Frege – durch ihre kompetente Hilfe wurde dieses Buch erst zu einem Buch.

Studio 69 Berlin – für das Layout und die Fotos.
Ingo Küchler – für die Mitarbeit bei der Bildbearbeitung.
David Andersen – für die Mitarbeit beim Layout.

Einen ganz besonderen Dank an unsere Fotomodelle Bettina Hillekes, Bettina Thiel, Barbara Schröder und Ralf Stengel für ihre Unterstützung und ihren Enthusiasmus.

BILDNACHWEIS

Layout und Fotos: Studio 69 Berlin

Wichtiger Hinweis

Die im Buch veröffentlichten Ratschläge, Rezepturen und Übungsanleitungen wurden mit größter Sorgfalt von der Autorin erarbeitet und geprüft. Sie haben sich in der Praxis bewährt, eine Garantie kann jedoch nicht übernommen werden. Ebenso ist eine Haftung seitens der Autorin und des Verlags für Personen-, Sach- oder Vermögensschäden ausgeschlossen. Die Empfehlungen in diesem Buch ersetzen keinesfalls die Behandlung gesundheitlicher Störungen durch einen erfahrenen Arzt oder Therapeuten. Jeder Leser ist aufgefordert, diesen Ratgeber in eigener Verantwortung zu benutzen.